N2合格！
日本語能力試験問題集
The Workbook for the Japanese Language Proficiency Test

N2 漢字 スピードマスター

Quick Mastery of N2 Kanji

Nắm Vững Nhanh Từ Kanji N2

清水知子・大場理恵子 共著

Jリサーチ出版

はじめに

Foreword
Lời tựa

　漢字は一度覚えてしまうと、単語の理解も文の理解も速くなります。日本人がずっと漢字を使っているのは、実は便利だからなのです。

　この本では、日本語能力試験のN2合格をめざすみなさんが漢字を楽しく勉強できるよう、『N3漢字スピードマスター』で案内役を務めたマリオとリサを再び登場させました。会話やスピーチで設定した場面（ユニット1〜9）をイメージすれば、効果的に勉強が進められます。収録漢字は、本書で新たに学ぶN2レベルの漢字が391字、すでに学んだ漢字の新しい読み（ユニット10）など、復習となる漢字も含めて合計637字です。

　リストを活用して各漢字の中心的な意味や熟語を知り、ドリルやまとめ問題Aを解いたら、まとめ問題Bで読解問題にもチャレンジしてください。さまざまな形式の問題を解くことで、総合的に漢字の力をつけていくことができますよ。

　さあ、合格をめざして勉強を始めましょう！

著者

● 会話に出てくる主な人 ●

Main Characters／Nhân vật chính xuất hiện trong đoạn hội thoại

男性 留 学生

male foreign exchange student
nam lưu học sinh

女性会社員。研修のために来日。

female company employee. Came to Japan for training.
nữ nhân viên công ty, tới Nhật Bản thực tập.

二人は友だちで、同じ日本語学校を卒業した。

Two friends who graduated from the same Japanese language school.
Hai người là bạn, tốt nghiệp cùng trường tiếng Nhật

Once you remember a character, any related vocabulary and sentences it appears it become easier to understand. Japanese people have used kanji for a very long time precisely because they are so useful.

This book provides students looking to pass level N2 of the Japanese Language Proficiency Test with a fun way to study. Mario and Lisa, guides in the "N3 Kanji Speed Master" book, make another appearance here. You should be able to effectively move through the units (1-9) by imagining the situations where these conversations and speeches take place. 391 N2-level kanji are included in this book for you to learn anew. When combined with new readings for kanji you have already learned (Unit 10), review, and so on, this comes to a total of 637 kanji.

Use lists to learn the core meanings and compounds for each kanji, then complete drills and "Review Questions A" before trying out the reading problems in "Review Questions B." You should be able to gain a comprehensive ability to use kanji by solving questions in a variety of forms. Let's begin your road to success!

The aurthors

Khi đã nhớ được chữ Hán thì việc hiểu từ lẫn lí giải câu văn sẽ đều nhanh hơn. Lí do người Nhật vẫn sử dụng chữ Hán là bởi vì chữ Hán tiện lợi như vậy.

Trong cuốn sách này một lần nữa sẽ có sự xuất hiện của Mario và Lisa đã từng đóng vai trò hướng dẫn trong cuốn "Chữ Hán N3 Speed Master", sẽ giúp các bạn đang lên mục tiêu thi đỗ cấp độ 2 kì thi năng lực tiếng Nhật có thể học chữ Hán thoải mái hơn. Nếu hình dung các bối cảnh (Unit 1 ~9) được xây dựng trong bài hội thoại và diễn thuyết sẽ giúp bạn học có hiệu quả hơn. Chữ Hán trong cuốn sách này có 391 chữ Hán cấp độ N2 được học mới. Tính cả chữ Hán đã học nhưng với cách đọc mới (Unit 10) thì tổng cộng có 637 chữ. Sau khi sử dụng bảng chữ Hán để biết thêm nghĩa chính của chữ Hán, từ ghép và giải bài luyện tập, bài tập tổng hợp A, bạn hay thử sức với cả bài đọc ở bài tập tổng hợp B. Bằng việc giải nhiều loại bài tập bạn sẽ có được kiến thức tổng hợp về chữ Hán.

Nào, hãy bắt đầu học để đạt được mục tiêu thi đỗ nhé!

Tác giả

目次
もくじ
Table of Contents
Mục lục

この本の使い方

How to Use This Book
Cách sử dụng sách

場面やテーマに関係する短い会話
▶ ここで学習する漢字をいくつか含み、太くしています。

There are short conversations related to these situations and themes. Target kanji are present in bold.

Đoạn hội thoại ngắn liên quan tới bối cảnh và chủ đề
Những chữ Hán học ở đây cũng được bôi đậm

場面やテーマ
▶ 一つのユニットに5つ～6つあります。

Situations and Themes
Each Unit contains 5~6 everyday situations.

Bối cảnh và chủ đề
Trong một bài có 5~6 bối cảnh hoặc chủ đề.

読み
▶ ひらがなは訓読み、カタカナは音読みです。

Kanji Readings
Japanese "kun'yomi" readings are in Hiragana, Chinese "on'yomi" readings are in Katakana.

Cách đọc chữ Hán
Chữ Hiragana là âm Nhật, chữ Katakana là âm Hán

画数

Stroke count
Số nét

漢字の漢越音

Kanji reading in Vietnamese
Âm Hán Việt của chữ Hán

漢字の中心的な意味

Core Meaning
Ý nghĩa chính của chữ Hán

その漢字を含む熟語などの例

Sample Vocabulary
Ví dụ từ ghép chứa chữ Hán

UNIT 1 — 4 お菓子

Snacks／Bánh kẹo

／20

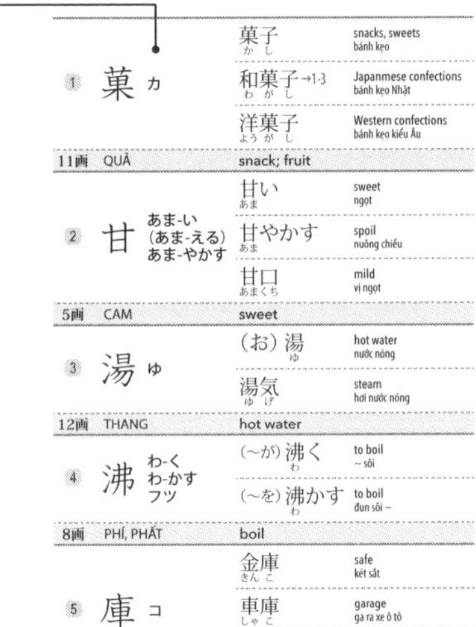

甘いお菓子があるから、ちょっとお茶にしよう。お湯はポットにある？

足りないから、沸かして。私は冷蔵庫から果物を出して、皮をむくね。

"I have sweet snacks, so let's take a break for tea. Is there hot water in the teapot?"
"There isn't enough, so please boil more. I'll take some fruit out of the refridgerator and peel it."

"Có bánh kẹo nên uống chút trà nhé. Trong bình có nước nóng không nhỉ?"
"Không đủ đâu cậu đun thêm đi. Để mình lấy hoa quả trong tủ lạnh ra gọt vỏ nhé. "

№	Kanji	Readings	Vocabulary	Meaning
1	菓	カ	菓子（かし）	snacks, sweets / bánh kẹo
			和菓子（わがし）→1-3	Japanmese confections / bánh kẹo Nhật
			洋菓子（ようがし）	Western confections / bánh kẹo kiểu Âu
		11画　QUẢ		snack; fruit
2	甘	あま-い（あま-える）あま-やかす	甘い（あま）	sweet / ngọt
			甘やかす（あま）	spoil / nuông chiều
			甘口（あまくち）	mild / vị ngọt
		5画　CAM		sweet
3	湯	ゆ	（お）湯（ゆ）	hot water / nước nóng
			湯気（ゆげ）	steam / hơi nước nóng
		12画　THANG		hot water
4	沸	わ-く わ-かす フツ	（〜が）沸く（わ）	to boil / ~ sôi
			（〜を）沸かす（わ）	to boil / đun sôi ~
		8画　PHÍ, PHẤT		boil
5	庫	コ	金庫（きんこ）	safe / két sắt
			車庫（しゃこ）	garage / ga ra xe ô tô
			冷蔵庫（れいぞうこ）	refrigerator / tủ lạnh
		10画　KHỐ		storehouse
6	果	（は-たす）（は-てる）（は-て）カ	果物*（くだもの）	fruit / hoa quả
			結果（けっか）	result / kết quả
			効果（こうか）→2-5	effect / hiệu quả
		8画　QUẢ		ends; fruit

*特別な読み方

№	Kanji	Readings	Vocabulary	Meaning
7	皮	かわ ヒ	皮（かわ）	skin, leather / bóc vỏ
			毛皮（けがわ）→1-2	fur / lông thú
			皮肉（ひにく）	irony / sự châm biếm
			皮肉（な）（ひにく）	ironic / châm biếm
		5画　BÌ		skin
8	凍	こお-る こご-える トウ	凍る（こお）	freeze / đông cứng
			凍える（こご）	to freeze / đông cứng
			冷凍（する）（れいとう）	to freeze / làm đông lạnh
			冷凍食品（れいとうしょくひん）	frozen foods / thực phẩm đông lạnh
		10画　ĐÔNG		freeze
9	氷	こおり	氷（こおり）	ice / đá
		5画　BĂNG		ice
10	杯	（さかずき）ハイ	乾杯（する）（かんぱい）→1-2	to toast / cạn li
			2杯（はい）	2 glasses / 2 cốc
		8画　BÔI		cup
11	制	セイ	制限（する）（せいげん）	to limit / giới hạn
			制度（せいど）→2-1	system / chế độ
			制服（せいふく）	uniform / đồng phục
		8画　CHẾ		control
12	製	セイ	製品（せいひん）	product / sản phẩm
			製造（する）（せいぞう）	to product / chế tạo
			日本製（にほんせい）	made in Japan / sản phẩm làm tại Nhật
		14画　CHẾ		manufacture

記号などの使い方　Usage of symbols／Cách dùng các kí hiệu

□　… N1 レベル以上の漢字　Kanji level N1 and above／Chữ Hán trên cấp độ N1

→　…「→9-3」＝「ユニット 9-3 を見てください」

日本製… うすい字は一つの例　Example vocab shown in thin type／Chữ in nhạt là một ví dụ

★　… 特別な読み方の言葉　Example of unique reading／Từ có cách đọc đặc biệt

---

ドリル A　正しい読みをえらんでください。　　　　　　　　1点× 5

❶ この車庫には、トラックは止められません。　　a. しゃこう　　b. しゃこ

❷ ラーメンの湯気を写真に撮りたい。　　a. ゆげ　　b. ゆぎ

❸ 皮肉ばかり言う人は、友だちに嫌われる。　　a. ひにく　　b. かにく

❹ 甘い食べ物は、ちょっと苦手だ。　　a. からい　　b. あまい

❺ こちらは海外の工場で製造された商品です。　　a. せいぞう　　b. せいさく

漢字の正しい読みを答えるドリル
Drill: Identify the proper reading
Bài luyện tập trả lời cách đọc đúng của chữ Hán

ドリル B　正しい漢字をえらんでください。　　　　　　　　1点× 5

❶ コーヒーをもう一＿＿いかがですか。　　a. 沸　　b. 凍　　c. 杯

❷ この飲み物は＿＿を入れるとおいしい。　　a. 凍　　b. 永　　c. 氷

❸ リンゴの＿＿をむいてくれないかな。　　a. 革　　b. 皮　　c. 果

❹ 彼女はよく手作りのお＿＿子を持ってくる。　　a. 果　　b. 巣　　c. 菓

❺ 学校の＿＿服をクリーニングに出した。　　a. 制　　b. 製　　c. 生

正しい漢字を答えるドリル
Drill: Identify the correct kanji
Bài luyện tập trả lời chữ Hán đúng

ドリル C　正しいほうをえらんで、全部ひらがなで＿＿に書いてください。　　1点× 10

れい 天気がいいから、（a. 公園　b. 道路）に行きましょう。　　こうえん

❶ 子供を（a. 甘やかす　b. 凍える）のは、教育上、よくない。

❷ この飲み物は、体を温める（a. 効果　b. 結果）が高いそうだ。

❸ 近所のスーパーで（a. 果物　b. 冷凍）食品の安売りをしていた。

❹ お湯を（a. 沸かして　b. 沸いて）お茶にしましょう。

❺ 日本の教育（a. 制限　b. 制度）では、中学校は 3 年間である。

正しい語を選び、自分で読みを書くドリル
Drill: Select the correct word and provide its reading
Bài luyện tập chọn từ đúng, tự viết cách đọc

UNIT 1　衣食住

メインのパート：

N2 漢字の学 習
（かんじ）（がくしゅう）

Main Focus: N2 Kanji

Phần chính: Học chữ Hán N2

▶ 10 のユニット × 5 つの場面
（いつ）（ばめん）

10 Units, each containing 5 everyday situations

10 bài x 5 bối cảnh

▶ 1 つの場面ごとに 10 ～ 16 字の漢字と約 30 の単語を紹介
（ひと）（ばめん）（じ）（かんじ）（やく）（たんご）（しょうかい）

Each situation introduces 10-16 Kanji and about 30 vocabulary words

Mỗi bối cảnh giới thiệu 10 ~16 chữ Hán và khoảng 30 từ

① 左ページのリストで漢字 1 字ずつの基本を学 習
（ひだり）（かんじ）（じ）（きほん）（がくしゅう）

Learn the basics of each kanji listed on the left-hand page

Học cơ bản từng chữ Hán bằng bảng ở trang bên trái

↓

② 3 つのドリルで、漢字の読み書き、意味や使い方を確認
（みっ）（かんじ）（よ）（か）（いみ）（つか）（かた）（かくにん）

Practice kanji reading, writing and usage with 3 provided drills

Xem lại cách đọc viết chữ Haasnm ý nghĩa và cách dùng bằng 3 bài luyện tập

↓

↓

③ ユニット最後の「まとめ問題 A」「まとめ問題 B」で復習
（さいご）（もんだい）（もんだい）（ふくしゅう）

The「Review Questions A」「Review Questions B」sections test all information contained in a Unit

Ôn tập lại bằng「Bài tập tổng hợp A」「Bài tập tổng hợp B」ở cuối mỗi bài

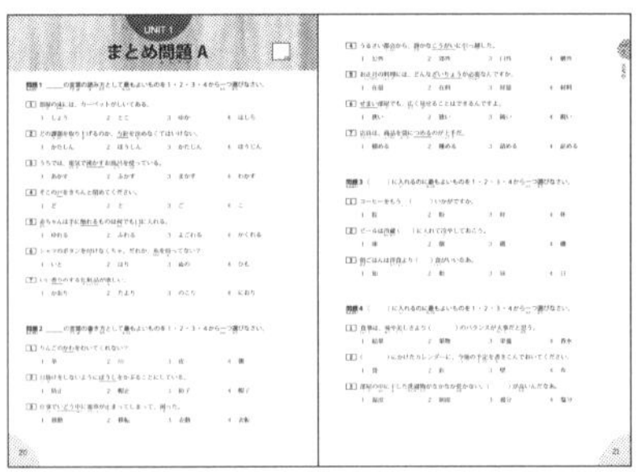
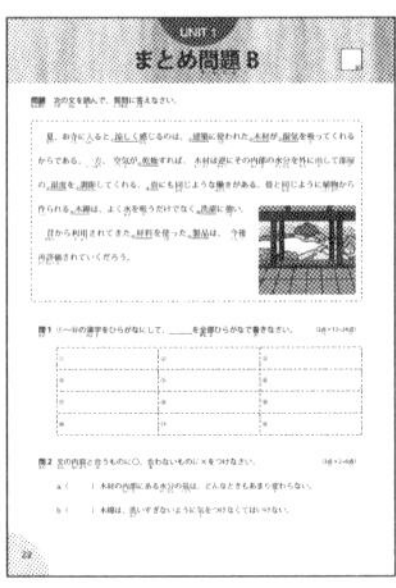

↓

④ 日本語能 力試験と同じ形式の問題で実力チェック
（にほんごのうりょくしけん）（おな）（けいしき）（もんだい）（じつりょく）

※ 2 回チャレンジします。
（かい）

Check your ability with questions styled after the actual JLPT　※ Two tests included

Kiểm tra thực lực bằng bài có hình thức giống bài thi năng lực tiếng Nhật.　※ Thử sức 2 lần

実力テスト
（じつりょく）

Practice Exam

Bài kiểm tra thực lực

↓

N3 レベルの漢字を復習チェック
（かんじ）（ふくしゅう）

※最初でも途中でも、いつでもかまいません。
（さいしょ）（とちゅう）

N3 漢字チェックリスト
（かんじ）

N3 Kanji Checklist

Bảng chữ Hán N4N5

N3 Level Kanji Review　※ Feel free to reference at any time

Ôn tập chữ Hán cấp độ N3　※ Có thể làm từ đầu hoặc giữa chừng đều được

UNIT 1

衣食住
<ruby>い<rt></rt></ruby>しょくじゅう

Clothing, Food, and Shelter

Mặc, ăn, ở

1

季節
きせつ

Seasons／Mùa

"It's cool and the humidity is low today. It's already autumn. The seasons just keep changing."
" Yes. Maybe it's about time to bring out heavy bedding. It seems like the leaves will begin to fall early this year as well."

" Hôm nay trời mát, độ ẩm lại thấp, đúng tiết thu nhỉ. Đang dần chuyển mùa rồi. "
"Chắc chuẩn bị lôi chăn dày ra thôi. Năm nay lá đỏ cũng có vẻ sớm nhỉ. "

		季節 きせつ	season / mùa
1	季 キ	四季 しき	four seasons / bốn mùa
		雨季 うき	rainy season / mùa mưa
8画 QUÝ	season		
2	節 （ふし）セツ	節約（する）→9-2 せつやく	to economize / tiết kiệm
		節電（する）せつでん	to save electricity / tiết kiệm điện
		調節（する）ちょうせつ	to adjust / điều tiết
13画 TIẾT	time; node		
3	涼 すず-しい（リョウ）	涼しい すず	cool / mát
11画 LƯƠNG, LƯỢNG	cool		
4	湿 しめ-る シツ	湿る しめ	to dampen / ẩm
		湿度 しつど	humidity / độ ẩm
		湿気 しっけ	moisture / khí ẩm
12画 CHẬP, THẤP	moisture		
5	移 うつ-る うつ-す イ	（～が）移る うつ	to move / chuyển, lây
		（～を）移す うつ	to move / di rời, di chuyển
		移動（する）いどう	to move / di chuyển
		移転（する）いてん	to relocate / di rời
11画 DI	move		
6	布 ぬの フ	布 ぬの	cloth / vải
		布団 ふとん	futon; comforter / chăn
		毛布 →1-2 もうふ	blanket / chăn len
		財布 →6-1 さいふ	wallet / ví
5画 BỐ	cloth		

		口紅 くちべに	lipstick / son môi
7	紅 べに コウ	紅茶 こうちゃ	black tea / trà đen
9画 HỒNG	red		
8	葉 は ヨウ	言葉 →3-3 ことば	word / từ, câu nói
		紅葉（する）こうよう	to turn in autumn leaves / lá đỏ
12画 DIỆP	leaf		
9	自 みずか-ら ジ シ	自ら みずから	oneself / tự bản thân
		自身 →3-4 じしん	self / bản thân
		自信 →7-4 じしん	self-confidence / tự tin
		各自 かくじ	each, individually / mỗi người
		自然 →5-3 しぜん	nature / tự nhiên
6画 TỰ	self		
10	肌 はだ	肌 はだ	skin / da
6画 CƠ	skin		
11	触 さわ-る ふ-れる（ショク）	触る さわ	to touch / sờ
		肌触り はだざわ	feel / cảm giác khi chạm vào
		触れる ふ	to contact / sờ, chạm
13画 XÚC	touch		
12	荒 あら-い あ-れる（あ-らす）（コウ）	荒い あら	rough / thô ráp
		荒れる あ	to become rough / (da) nứt nẻ, (biển) động
9画 HOANG	rough		

ドリル A 　正しい読みをえらんでください。 1点×5

❶ この店、来月となりの町に移転するんだって。　　a. いてん　　b. うてん

❷ 日本には春・夏・秋・冬の四季がある。　　a. しき　　b. よき

❸ 社長自ら自転車に乗って営業活動をしている。　　a みずら　　b. みずから

❹ その口紅、きれいな色だね。似合ってるよ。　　a. くちべに　　b. くちべみ

❺ では、次のテーマに移ります。　　a. うつり　　b. かわり

ドリル B 　正しい漢字をえらんでください。 1点×5

❶ 窓を開けると、＿＿＿しい風が入ってきた。　　a. 悲　　b. 忙　　c. 涼

❷ 会場の作品には＿＿＿らないでください。　　a. 触　　b. 肌　　c. 移

❸ 明日は＿＿＿れた天気になるそうだ。　　a. 季　　b. 荒　　c. 触

❹ この化粧水を使うと、＿＿＿がきれいになるよ。　　a. 肌　　b. 葉　　c. 布

❺ 音の大きさは、このボタンで調＿＿＿できる。　　a. 湿　　b. 節　　c. 説

ドリル C 　正しいほうをえらんで、全部ひらがなで＿＿＿に書いてください。 1点×10

れい　天気がいいから、（ ⓐ 公園　b. 道路 ）に行きましょう。　　　こうえん

❶ 電気代（ a. 節約　b. 財布 ）のため、エアコンの使いすぎに気をつけよう。　＿＿＿＿＿＿

❷ スピーチがうまくできて、日本語に（ a. 自信　b. 自身 ）が持てた。　＿＿＿＿＿＿

❸ 私の部屋にはベッドがないので、（ a. 布団　b. 湿度 ）を使っている。　＿＿＿＿＿＿

❹ 山が（ a. 季節　b. 紅葉 ）して赤や黄色になっている。きれいだなあ。　＿＿＿＿＿＿

❺ 団体旅行だが、駅までは（ a. 各自　b. 移動 ）で行くことになる。　＿＿＿＿＿＿

2 衣類
いるい

Clothing／Quần áo

"Oh, it's raining. I need to bring the laundry in. Is your home okay, Mario?"
"Yes. I dry my clothes in a dryer, so I don't hang them outside."

"Ôi, mưa rồi. Phát cất quần áo vào thôi. Nhà Mario không sao chứ?"
"Ừ, mình sấy khô bằng máy sấy quần áo nên không phơi ra ngoài."

1 衣 イ	衣類 いるい	clothing	quần áo
	衣服 いふく	garments	quần áo
	衣食住 いしょくじゅう	housing, food, and clothing	mặc ăn ở
	浴衣★ →2-3 ゆかた	yukata	áo yukata
6画　Y	clothing		
2 濯 タク	洗濯（する）せんたく	to wash	giặt
	洗濯機 →7-3 せんたくき	washing machine	máy giặt
17画　TRẠC, TRẠO	bathe		
3 乾 かわ-く かわ-かす カン	（〜が）乾く かわ	to dry	khô
	（〜を）乾かす かわ	to dry	sấy khô
	乾電池 かんでんち	dry cell battery	pin
	乾杯（する）→1-4 かんぱい	to toast	can li
11画　CAN, CÀN, KIỀM	dry		
4 燥 ソウ	乾燥（する）かんそう	to dry	khô
	乾燥機 →7-3 かんそうき	drier, drying machine	máy sấy khô
17画　TÁO	dry		
5 干 ほ-す （カン）	干す ほ	to hang, to dry	phơi
3画　CAN	hang		
6 針 はり シン	針 はり	needle	kim
	針路 しんろ	course	phương hướng
	方針 ほうしん	policy	phương châm
10画　CHÂM	needle		

7 糸 いと	糸 いと	thread	chỉ
	毛糸 けいと	wool, yarn	len
6画　MỊCH	thread		
8 帽 ボウ	帽子 ぼうし	hat	mũ
12画　MẠO	cap		
9 革 かわ （カク）	革 かわ	leather	da
	革靴 かわぐつ	leather shoes	giấy da
9画　CÁCH	leather; renew		
10 靴 くつ	靴 くつ	shoes	giấy
	長靴 ながぐつ	boots	ủng, bốt
13画　NGOA	shoes		
11 磨 みが-く	磨く みが	to polish	mài, chải
	歯磨き（する）はみが	to brush teeth	đánh răng
16画　MA	polish		
12 綿 わた メン	綿 めん	cotton	sợi
	綿 わた	cotton	bông
	木綿★ もめん	cotton	sợi bông
14画　MIÊN	cotton		
13 羊 ひつじ ヨウ	羊 ひつじ	sheep	cừu
	羊毛 ようもう	wool	lông cừu
6画　DƯƠNG	sheep		
14 毛 け モウ	髪の毛 →3-6 かみのけ	hair	tóc
	毛布 →1-1 もうふ	blanket	
4画　MAO	hair, fur		

ドリル　A　正しい読み（ただ）（よ）をえらんでください。　　　　　　　　　1点×5

❶ 空気（くうき）が乾燥（かんそう）しているときは、風邪（かぜ）をひきやすい。　　a. かいそう　　b. かんそう

❷ 浴衣（ゆかた）を着（き）て、花火（はなび）を見（み）に行（い）った。　　a. ゆたか　　b. ゆかた

❸ リモコンは、乾電池（かんでんち）を入（い）れないと動（うご）かないよ。　　a. かでんち　　b. かんでんち

❹ 木綿（もめん）のシャツ1枚（まい）でも汗（あせ）をかいた。　　a. もめん　　b. もくめん

❺ 日焼（ひや）けしないように帽子（ぼうし）を持（も）って行（い）こう。　　a ぼうし　　b. ぼし

ドリル　B　正しい漢字（ただ）（かんじ）をえらんでください。　　　　　　　　　1点×5

❶ シーツやタオルは、＿＿製品（せいひん）が多（おお）い。　　a. 糸　　b. 綿　　c. 革
　　　　　めん

❷ 社長（しゃちょう）は、今後（こんご）の方＿＿（ほう）について話（はな）すだろう。　　a. 針　　b. 洗　　c. 糸
　　　　　　　　　　しん

❸ 雨（あめ）の日（ひ）には長（なが）＿＿をはいたほうがいい　　a. 革　　b. 磨　　c. 靴
　　　　　　　　ぐつ

❹ 朝（あさ）のうちに洗濯物（せんたくもの）を、＿＿してしまおう。　　a. 千　　b. 干　　c. 王
　　　　　　　　　　　ほ

❺ 毛（け）＿＿でマフラーを編（あ）んだ。　　a. 針　　b. 糸　　c. 綿
　　　いと

ドリル　C　正しいほう（ただ）をえらんで、全部（ぜんぶ）ひらがなで＿＿に書（か）いてください。　　1点×10

れい　天気（てんき）がいいから、（ⓐ公園　b. 道路）に行（い）きましょう。　　　こうえん

❶ ドライヤーで、髪（かみ）の毛（け）を（a. 乾いた　b. 乾かした）。　　＿＿＿＿＿＿＿＿

❷ 晴（は）れているうちにシーツを（a. 洗濯　b. 乾杯）しよう。　　＿＿＿＿＿＿＿＿

❸ この引（ひ）き出（だ）しには、夏（なつ）の（a. 衣服　b. 羊毛）が入（はい）っている。　　＿＿＿＿＿＿＿＿

❹ （a. 歯磨き　b. 衣食住）をしたら、もう寝（ね）よう。　　＿＿＿＿＿＿＿＿

❺ 旅行（りょこう）に持（も）って行（い）く（a. 衣類　b. 乾燥機）は少（すく）ないほうがいいよ。　　＿＿＿＿＿＿＿＿

3

住居
じゅうきょ

Residence／Nơi ở

緑の多い**郊外**に引っ越して、**庭**のある新**築**の家に住みたいなあ。
みどり　おお　こうがい　ひ　こ　にわ　しんちく　いえ　す

そう？　この**居**間は**壁**も**床**もきれいだし、広くて、うらやましいけどなあ。
い　ま　かべ　ゆか　ひろ

"I'd like to move to a suburb with a lot of green space and live in a new home with a yard."
"Really? This living room has clean walls and a clean floor, and it's big. I'm jealous, personally."

"Mình muốn chuyển đến vùng ngoại ô nhiều cây cối và sống trong ngôi nhà được xây mới có vườn. "
"Thế hả?Mình thì thấy ghen tị với cậu vì căn phòng này tường lẫn sàn nhà đều đẹp lại rộng "

1	居 い-る キョ	居間（いま）	living room / phòng khách
		居眠り（いねむ）（する）	to nap / ngủ gật
		居酒屋（いざかや）	pub / quán nhậu
		住居（じゅうきょ）	residence / nhà ở
		入居（にゅうきょ）（する）	to move in / vào ở
8画	CƯ		residence
2	郊 コウ	郊外（こうがい）	suburbs / ngoại ô
		近郊（きんこう）	outskirts / vùng lân cận
9画	GIAO		outskirts
3	庭 にわ テイ	庭（にわ）	yard / vườn, sân
		家庭（かてい）	household / gia đình
		校庭（こうてい）	schoolyard / sân trường
10画	ĐÌNH		garden
4	築 （きず-く）チク	築３年（ちく ねん）	built 3 years ago / xây được 3 năm
		建築（けんちく）（する）	to construct / kiến trúc
		建築家（けんちくか）	architect / kiến trúc sư
		新築（しんちく）	new building / mới xây cf. cũ
16画	TRÚC		build
5	壁 かべ	壁（かべ）	wall / tường
16画	BÍCH		wall
6	床 とこ ゆか ショウ	床屋（とこや）	barber / tiệm cắt tóc nam
		床（ゆか）	floor / sàn
		起床（きしょう）（する）	to get up / ngủ dậy
7画	SÀNG		floor

7	寝 ね-る ね-かす シン	寝坊（ねぼう）（する）→3-2	to oversleep / ngủ quên
		寝室（しんしつ）	bedroom / phòng ngủ
13画	TẨM		sleep
8	戸 と コ	戸（と）	door / nhà
		３戸（こ）	3 homes / 3 nhà
4画	HỘ		door
9	畳 たた-む たたみ ジョウ	畳む（たた）	to fold (clothes) / gấp
		畳（たたみ）	tatami mat / chiếu kiểu Nhật
		６畳（じょう）	6 tatami mats / 6 chiếu
12画	ĐIỆP		tatami
10	柱 はしら チュウ	柱（はしら）	pillar / cột
		電柱（でんちゅう）	light pole / cột điện
9画	TRỤ		pillar
11	和 （やわ-らげる）（なご-やか）わ	和室（わしつ）	Japanese room / phòng kiểu Nhật
		和食（わしょく）	Japanese food / món ăn Nhật
		平和（へいわ）	peace / hòa bình
		調和（ちょうわ）（する）	to harmonize / điều hòa
8画	HÒA		harmony; Japanese
12	狭 せま-い	狭い（せま）	narrow / chật
9画	HIỆP		narrow
13	材 ザイ	材料（ざいりょう）	ingredients / nguyên liệu
		木材（もくざい）	wood / nguyên liệu gỗ
		素材（そざい）	materials / chất liệu
7画	TÀI		materials

／20

ドリル A　正しい読みをえらんでください。　　　　　　　　　　　　　　　1点×5

❶　食事の後、つい居眠りしてしまった。　　　　　a. いねむり　　　b. こねむり

❷　そちらの戸は、開けておいてください。　　　　a. こ　　　　　　b. と

❸　先生は、世界的にも有名な建築家です。　　　　a. けんせつ　　　b. けんちく

❹　台風で電柱がたおれた。とても危険だ。　　　　a. でんしゅう　　b. でんちゅう

❺　私の今住んでいる部屋は6畳です。　　　　　　a ろくじょう　　b. むたたみ

ドリル B　正しい漢字をえらんでください。　　　　　　　　　　　　　　　1点×5

❶　＿＿に多くの物を置くのは危ない。　　　　a. 床　　　b. 畳　　　c. 壁

❷　＿＿い部屋だが、私にはちょうどいい。　　a. 挟　　　b. 峡　　　c. 狭

❸　カレンダーは、＿＿にかけよう。　　　　　a. 壁　　　b. 床　　　c. 柱

❹　この料理にはどんな＿＿料が要りますか。　a. 材　　　b. 才　　　c. 財

❺　＿＿坊して、授業に遅れてしまった。　　　a. 寝　　　b. 居　　　c. 築

ドリル C　正しいほうをえらんで、全部ひらがなで＿＿に書いてください。　　1点×10

れい　天気がいいから、（ⓐ.公園　b. 道路）に行きましょう。　　　　こうえん

❶　都会の真ん中より、空気のきれいな（a. 郊外　b. 家庭）に住みたい。　＿＿＿＿＿＿

❷　（a. 庭　b. 校庭）のある家に住んで、花を育てたい。　　　　　　　　＿＿＿＿＿＿

❸　（a. 寝室　b. 起床）時間は毎朝6時に決めています。　　　　　　　　＿＿＿＿＿＿

❹　「世界が（a. 平和　b. 住居）になりますように」と祈った。　　　　　＿＿＿＿＿＿

❺　週末は（a. 木材　b. 居酒屋）でアルバイトをしている。　　　　　　　＿＿＿＿＿＿

4

お菓子
（か　し）

Snacks／Bánh kẹo

甘いお菓子があるから、ちょっとお茶にしよう。お湯はポットにある？

足りないから、沸かして。私は冷蔵庫から果物を出して、皮をむくね。

"I have sweet snacks, so let's take a break for tea. Is there hot water in the teapot?"
"There isn't enough, so please boil more. I'll take some fruit out of the refrigerator and peel it."

"Có bánh kẹo nên uống chút trà nhé. Trong bình có nước nóng không nhỉ?"
"Không đủ đâu cậu đun thêm đi. Để mình lấy hoa quả trong tủ lạnh ra gọt vỏ nhé. "

1	菓 カ	菓子（か し）	snacks, sweets / bánh kẹo	
		和菓子（わ が し）→1-3	Japanmese confections / bánh kẹo Nhật	
		洋菓子（よう が し）	Western confections / bánh kẹo kiểu Âu	
11画 QUẢ			snack; fruit	
2	甘 あま-い（あま-える）あま-やかす	甘い（あま）	sweet / ngọt	
		甘やかす（あま）	spoil / nuông chiều	
		甘口（あまくち）	mild / vị ngọt	
5画 CAM			sweet	
3	湯 ゆ	（お）湯（ゆ）	hot water / nước nóng	
		湯気（ゆ げ）	steam / hơi nước nóng	
12画 THANG			hot water	
4	沸 わ-く わ-かす フツ	（〜が）沸く（わ）	to boil / 〜 sôi	
		（〜を）沸かす（わ）	to boil / đun sôi 〜	
8画 PHÍ, PHẤT			boil	
5	庫 コ	金庫（きん こ）	safe / két sắt	
		車庫（しゃ こ）	garage / ga ra xe ô tô	
		冷蔵庫（れい ぞう こ）	refrigerator / tủ lạnh	
10画 KHỐ			storehouse	
6	果 （は-たす）（は-てる）（は-て）カ	果物★（くだもの）	fruit / hoa quả	
		結果（けっ か）	result / kết quả	
		効果（こう か）→2-5	effect / hiệu quả	
8画 QUẢ			ends; fruit	

★ 特別な読み方（とくべつ　よ　かた）

7	皮 かわ ヒ	皮（かわ）	skin, leather / bóc vỏ	
		毛皮（け がわ）→1-2	fur / lông thú	
		皮肉（ひ にく）	irony / sự châm biếm	
		皮肉（な）（ひ にく）	ironic / châm biếm	
5画 BÌ			skin	
8	凍 こお-る こご-える トウ	凍る（こお）	freeze / đông cứng	
		凍える（こご）	to freeze / đông cứng	
		冷凍（する）（れい とう）	to freeze / làm đông lạnh	
		冷凍食品（れい とう しょく ひん）	frozen foods / thực phẩm đông lạnh	
10画 ĐÔNG			freeze	
9	氷 こおり	氷（こおり）	ice / đá	
5画 BĂNG			ice	
10	杯 （さかずき）ハイ	乾杯（する）（かん ぱい）→1-2	to toast / cạn li	
		２杯（はい）	2 glasses / 2 cốc	
8画 BÔI			cup	
11	制 セイ	制限（する）（せい げん）	to limit / giới hạn	
		制度（せい ど）→2-1	system / chế độ	
		制服（せい ふく）	uniform / đồng phục	
8画 CHẾ			control	
12	製 セイ	製品（せい ひん）	produce / sản phẩm	
		製造（する）（せい ぞう）	to produce / chế tạo	
		日本製（に ほん せい）	made in Japan / sản phẩm làm tại Nhật	
14画 CHẾ			manufacture	

ドリル A　正しい読みをえらんでください。　1点×5

① この車庫には、トラックは止められません。　　a. しゃこう　　b. しゃこ

② ラーメンの湯気を写真に撮りたい。　　a. ゆげ　　b. ゆぎ

③ 皮肉ばかり言う人は、友だちに嫌われる。　　a. ひにく　　b. かにく

④ 甘い食べ物は、ちょっと苦手だ。　　a. からい　　b. あまい

⑤ こちらは海外の工場で製造された商品です。　　a. せいぞう　　b. せいさく

ドリル B　正しい漢字をえらんでください。　1点×5

① コーヒーをもう一＿＿いかがですか。　　a. 沸　　b. 凍　　c. 杯
（いっ　ぱい）

② この飲み物は＿＿を入れるとおいしい。　　a. 凍　　b. 永　　c. 氷
（こおり）

③ リンゴの＿＿をむいてくれないかな。　　a. 革　　b. 皮　　c. 果
（かわ）

④ 彼女はよく手作りのお＿＿子を持ってくる。　　a. 果　　b. 巣　　c. 菓
（か）

⑤ 学校の＿＿服をクリーニングに出した。　　a. 制　　b. 製　　c. 生
（せい）

ドリル C　正しいほうをえらんで、全部ひらがなで＿＿に書いてください。　1点×10

れい 天気がいいから、（a. 公園　b. 道路）に行きましょう。　　こうえん

① 子供を（a. 甘やかす　b. 凍える）のは、教育上、よくない。　　＿＿＿＿＿＿＿

② この飲み物は、体を温める（a. 効果　b. 結果）が高いそうだ。　　＿＿＿＿＿＿＿

③ 近所のスーパーで（a. 果物　b. 冷凍）食品の安売りをしていた。　　＿＿＿＿＿＿＿

④ お湯を（a. 沸かして　b. 沸いて）お茶にしましょう。　　＿＿＿＿＿＿＿

⑤ 日本の教育（a. 制限　b. 制度）では、中学校は3年間である。　　＿＿＿＿＿＿＿

5

栄養
えいよう

Nutrition／Dinh dưỡng

"How does the soup taste? I only used salt, not any spices. I put in lots of meat and vegetables to make up for it."
"It's delicious, and nutritious. I'm grateful since I've only been eating convenient boxed lunches and canned foods lately."

"Cậu thấy vị súp này thế nào? Mình không dùng hương liệu mà chỉ dùng muối thôi. Thay vào đó mình cho nhiều thịt và rau. "
"Ngon lắm, lại nhiều dinh dưỡng nữa. Dạo này mình toàn ăn cơm hộp đơn giản hay đồ đóng hộp nên được thế này thì mừng lắm. "

#	漢字	読み	語例	意味
1	栄	（さか-える） エイ	栄養 えいよう	nutrition / dinh dưỡng
	9画 VINH	glory; prosper		
2	養	やしな-う ヨウ	養分 ようぶん	nutrients / thành phần dinh dương
			休養（する） きゅうよう	to take a rest / nghỉ dưỡng
			教養 きょうよう	liberal arts / giáo dưỡng
	15画 DƯỠNG	foster		
3	香	かお-り かお-る コウ	香り かお	smell / hương thơm
			香水 こうすい	perfume / nước hoa
			香辛料 こうしんりょう	spices / hương liệu
	9画 HƯƠNG	scent		
4	辛	から-い つら-い シン	辛い から	hot / cay
			辛い つら	painful / khó chịu, đau đớn
			辛口 からくち	spicy; dry / vị cay
			塩辛い しおから	salty / mặn
	7画 TAN	difficulty; spice		
5	塩	しお エン	塩 しお	salt / muối ăn
			塩分 えんぶん	sodium / thành phần muối
			食塩 しょくえん	table salt / muối ăn
	13画 DIÊM	salt		
6	菜	な サイ	青菜 あおな	green vegetables / lá xanh
			野菜 やさい	vegetables / rau
	11画 THÁI	vegetables		
7	弁	ベン	弁当 べんとう	boxed lunch / cơm hộp
	5画 BIỆN,BIẾN	handle; speak		
8	詰	つ-まる つ-める	（〜が）詰まる つ	be clogged, be stuffed / tắc
			（〜を）詰める つ	to pack / xếp, dồn
			缶詰 かんづめ	canned goods / đồ đóng hộp
			箱詰め はこづめ	boxed / xếp vào hộp
	13画 CẬT	pack		
9	卵	たまご ラン	卵 たまご	egg / trứng
			卵黄 らんおう	egg yolk / lòng đỏ
	7画 NOÃN	egg		
10	麦	むぎ	小麦 こむぎ	wheat / lúa mạch
	7画 MẠCH	barley		
11	粉	こな フン	小麦粉 こむぎこ	flour / bột mì
			粉 こな	powder / bột mì
	10画 PHẤN	powder		
12	粒	つぶ	粒 つぶ	kernel / hạt
	11画 LẠP	grain		
13	筒	（つつ） トウ	水筒 すいとう	flask / bình nước
			封筒 →9-5 ふうとう	envelope / phong bì
	12画 ĐỒNG	pipe; case		
14	同	おな-じ ドウ	同一 どういつ	the same / giống hệt
			同僚 どうりょう	colleague / đồng nghiệp
			同様 どうよう	similar / tương tự
			共同 きょうどう	joint / chung
	6画 ĐỒNG	same		

ドリル A　正しい読みをえらんでください。　　1点×5

❶ においの強い香水をいやがる人もいる。　　a. こすい　　b. こうすい

❷ 塩分をとりすぎると、体によくない。　　a. えんぶん　　b. しおぶん

❸ 二つの事件は同一犯人によるものと思われる。　　a. どういち　　b. どういつ

❹ バスが込んできた。もっと奥まで詰めよう。　　a. きめ　　b. つめ

❺ お茶は水筒に入れて持って行こう。　　a. すいどう　　b. すいとう

ドリル B　正しい漢字をえらんでください。　　1点×5

❶ 薬の＿＿が服に付いてしまった。　　a. 粉　　b. 粒　　c. 米
（こな）

❷ 何か＿＿い料理が食べたいな。　　a. 幸　　b. 辛　　c. 弁
（から）

❸ 植物は根から＿＿分を吸収している。　　a. 養　　b. 栄　　c. 麦
（よう）

❹ お昼は、お＿＿当にしよう。　　a. 弁　　b. 升　　c. 丼
（べん）

❺ ＿＿料理にはいろいろな種類がある。　　a. 卯　　b. 卵　　c. 玉
（たまご）

ドリル C　正しいほうをえらんで、全部ひらがなで＿＿に書いてください。　　1点×10

れい　天気がいいから、（ a. 公園　b. 道路 ）に行きましょう。　　こうえん

❶ あの人は（ a. 休養　b. 教養 ）があって、何でも知っている。　　＿＿＿＿＿＿＿＿

❷ （ a. 缶詰　b. 香り ）は冷蔵庫に入れなくていいから便利だ。　　＿＿＿＿＿＿＿＿

❸ このブドウ、一つ一つの（ a. 粒　b. 粉 ）が大きくて立派だ。　　＿＿＿＿＿＿＿＿

❹ 今日も昨日と（ a. 同様　b. 共同 ）の暑さになるそうだ。　　＿＿＿＿＿＿＿＿

❺ 味が薄かったら、（ a. 栄養　b. 塩 ）をかけてくださいね。　　＿＿＿＿＿＿＿＿

まとめ問題 A

／20

問題1　＿＿＿＿の言葉の読み方として最もよいものを1・2・3・4から一つ選びなさい。

1 部屋の床には、カーペットがしいてある。

　　1　しょう　　　　　　2　とこ　　　　　　3　ゆか　　　　　　4　はしら

2 どの課題を取り上げるのか、方針を決めなくてはいけない。

　　1　かたしん　　　　　2　ほうしん　　　　3　かたじん　　　　4　ほうじん

3 うちでは、電気で沸かすお風呂を使っている。

　　1　あかす　　　　　　2　ふかす　　　　　3　まかす　　　　　4　わかす

4 そこの戸をきちんと閉めてください。

　　1　ど　　　　　　　　2　と　　　　　　　3　ご　　　　　　　4　こ

5 赤ちゃんは手に触れるものは何でも口に入れる。

　　1　ゆれる　　　　　　2　ふれる　　　　　3　よごれる　　　　4　かくれる

6 シャツのボタンを付けなくちゃ。だれか、糸を持ってない？

　　1　いと　　　　　　　2　はり　　　　　　3　ぬの　　　　　　4　ひも

7 いい香りのする化粧品が欲しい。

　　1　かおり　　　　　　2　たより　　　　　3　のこり　　　　　4　におり

問題2　＿＿＿＿の言葉の書き方として最もよいものを1・2・3・4から一つ選びなさい。

1 りんごのかわをむいてくれない？

　　1　革　　　　　　　　2　川　　　　　　　3　皮　　　　　　　4　側

2 日焼けをしないようにぼうしをかぶることにしている。

　　1　防止　　　　　　　2　帽止　　　　　　3　防子　　　　　　4　帽子

3 仕事でいどう中に電車が止まってしまって、困った。

　　1　移動　　　　　　　2　移転　　　　　　3　衣動　　　　　　4　衣転

4 うるさい都会から、静かなこうがいに引っ越した。

    1　公外　　　　　　2　郊外　　　　　　3　口外　　　　　　4　構外

5 お正月の料理には、どんなざいりょうが必要なんですか。

    1　在量　　　　　　2　在料　　　　　　3　材量　　　　　　4　材料

6 せまい部屋でも、広く見せることはできるんですよ。

    1　狭い　　　　　　2　独い　　　　　　3　鈍い　　　　　　4　鋭い

7 店員は、商品を袋につめるのが上手だ。

    1　積める　　　　　2　種める　　　　　3　詰める　　　　　4　証める

問題3　（　　　　）に入れるのに最もよいものを1・2・3・4から一つ選びなさい。

1 コーヒーをもう一（　　　　）いかがですか。

    1　粒　　　　　　　2　粉　　　　　　　3　材　　　　　　　4　杯

2 ビールは冷蔵（　　　）に入れて冷やしておこう。

    1　庫　　　　　　　2　個　　　　　　　3　構　　　　　　　4　機

3 朝ごはんは洋食より（　　　）食がいいなあ。

    1　知　　　　　　　2　和　　　　　　　3　昼　　　　　　　4　日

問題4　（　　　　）に入れるのに最もよいものを1・2・3・4から一つ選びなさい。

1 食事は、味や美しさより（　　　　　）のバランスが大事だと思う。

    1　結果　　　　　　2　果物　　　　　　3　栄養　　　　　　4　香水

2 （　　　　　）にかけたカレンダーに、今後の予定を書きこんでおいてください。

    1　畳　　　　　　　2　針　　　　　　　3　壁　　　　　　　4　布

3 部屋の中に干した洗濯物がなかなか乾かない。（　　　　　）が高いんだなあ。

    1　湿度　　　　　　2　制度　　　　　　3　養分　　　　　　4　塩分

まとめ問題 B

/ 30

問題 次の文を読んで、質問に答えなさい。

> 夏、お寺に入ると①涼しく感じるのは、②建築に使われた③木材が④湿気を吸ってくれるからである。一方、空気が⑤乾燥すれば、木材は逆にその内部の水分を外に出して部屋の⑥湿度を⑦調節してくれる。⑧畳にも同じような働きがある。畳と同じように植物から作られる⑨木綿は、よく水を吸うだけでなく⑩洗濯に強い。
>
> 昔から利用されてきた⑪材料を使った⑫製品は、今後再評価されていくだろう。

問1 ①〜⑫の漢字をひらがなにして、_____を全部ひらがなで書きなさい。　　（2点×12＝24点）

①	②	③
④	⑤	⑥
⑦	⑧	⑨
⑩	⑪	⑫

問2 文の内容と合うものに〇、合わないものに×をつけなさい。　　（3点×2＝6点）

a. （　　　）木材の内部にある水分の量は、どんなときもあまり変わらない。

b. （　　　）木綿は、洗いすぎないように気をつけなくてはいけない。

UNIT 2

趣味・活動
しゅみ・かつどう

Interests / Activities

Sở thích, hoạt động

市民芸術祭
しみんげいじゅつさい

Local Arts Festival／Lễ hội nghệ thuật quần chúng

／20

市民芸術祭だって。行ってみない？
しみんげいじゅつさい　い
この女の人、声がすごくきれいなんだよ。
おんな　ひと　こえ

へえ。珍しい楽器の演奏もあるんだ。
めずら　がっき　えんそう
２日目の演劇とか踊りの舞台もいいなあ。
かめ　えんげき　おど　ぶたい

"They say there's a local arts festival. Want to try going? This woman has a beautiful voice.
"Huh. There's a performance of rare instruments, too. The stage and dance performances on the second day also look nice."

"Có lễ hội nghệ thuật quần chúng của thành phố đấy. Cậu đi xem không? Cô này giọng hay lắm!"
"Thế hả. Có cả biểu diễn nhạc cụ lạ lắm này. Ngày thứ hai còn có diễn dịch và múa nữa."

1	術 ジュツ	芸術 げいじゅつ	the arts / nghệ thuật
		技術 ぎじゅつ	technique, technology / kĩ thuật
11画 THUẬT	technique		
2	珍 めずら-しい	珍しい めずら	unusual / hiếm, lạ
9画 TRÂN	unusual		
3	器 (うつわ) キ	器具 きぐ	implement / đạo cụ
		楽器 がっき	instrument / nhạc cụ
		食器 しょっき	tableware / bát đĩa
		容器 ようき	receptacle / đồ để chứa
15画 KHÍ	organ		
4	演 エン	演技(する) えんぎ	to dramatize / diễn xuất
		演奏(する) えんそう	to perform, to play / biểu diễn
		演劇 えんげき	dramatic performance / diễn kịch
14画 DIỄN	perform		
5	劇 ゲキ	劇場 げきじょう	theatre / nhà hát kịch
		劇 げき	drama / kịch
15画 KỊCH	drama		
6	踊 おど-る おど-り	踊る おど	to dance / nhảy, múa
		踊り おど	dance / điệu múa, điệu nhảy
14画 DŨNG	dance		
7	舞 ま-う ま-い ブ	見舞う みま	to visit / gặp phải
		(お)見舞い みま	to visit inquiring about someone's health / thăm người ốm
		舞台 →5-5 ぶたい	stage; performance / sân khấu
15画 VŨ	dance		

8	統 トウ	統一 とういつ	unity / thống nhất
		統計 →8-5 とうけい	statistics / thống kê
		伝統 →5-3 でんとう	tradition / truyền thống
		伝統的(な) →5-3 でんとうてき	traditionally / có tính truyền thống
		大統領 →7-3 だいとうりょう	president / tổng thống
12画 THỐNG	bring together		
9	史 シ	歴史 れきし	history / lịch sử
		日本史 にほんし	Japanese history / lịch sử Nhật Bản
5画 SỬ	writings; history		
10	延 の-びる の-ばす エン	(～が)延びる の	to stretch / ~ kéo dài
		(～を)延ばす の	to elongate / kéo dài ~
		延期(する) えんき	to defer / hoãn
		延長(する) えんちょう	to prolong / kéo dài
8画 DUYÊN	extend		
11	緒 ショ	一緒 いっしょ	together, same / cùng nhau
14画 TỰ	start; connection		
12	度 (たび) ド タク	年度 ねんど	fiscal year, financial year / năm tài khóa
		角度 かくど	angle / góc độ
		程度 →8-4 ていど	extent / mức độ
		支度(する) したく	to prepare / chuẩn bị
		＊「仕度」とも書く か	
9画 ĐỘ	degree, time		

ドリル A　正しい読みをえらんでください。　　1点×5

❶ この島にはいろいろな珍しい動物がいるそうだ。　　a. めずらしい　　b. めざましい

❷ 科学技術が進歩したため、生活が便利になった。　　a. ぎじつ　　b. ぎじゅつ

❸ 両親と一緒にハワイに行きました。　　a いしょうに　　b. いっしょに

❹ 新しいデパートの開店が来年に延びるそうだ。　　a. おびる　　b. のびる

❺ 二つの国が統一され、新しい国になった。　　a. とういつ　　b. とういち

ドリル B　正しい漢字をえらんでください。　　1点×5

❶ その国を理解するには、その国の歴＿＿を学ぶといい。　　a. 支　　b. 央　　c. 史
し

❷ 先輩が入院したので、お見＿＿いに行った。　　a. 舞　　b. 参　　c. 招
ま

❸ ＿＿計によると、日本の人口は減少している。　　a. 統　　b. 合　　c. 到
とう

❹ これは食品保存用の容＿＿です。　　a. 機　　b. 器　　c. 記
き

❺ 去年から日本の＿＿りを習っています。　　a. 舞　　b. 踊　　c. 劇
おど

ドリル C　正しいほうをえらんで、全部ひらがなで＿＿に書いてください。　　1点×10

れい　天気がいいから、（ⓐ.公園　b. 道路 ）に行きましょう。　　＿こうえん＿

❶ まず、実験（ a. 器具　b. 舞台 ）の使い方を学びましょう。　　＿＿＿＿＿＿＿

❷ 京都には（ a. 歴史　b. 伝統的 ）な建物が数多く残っている。　　＿＿＿＿＿＿＿

❸ 簡単に（ a. 演技　b. 演奏 ）できる楽器もある。　　＿＿＿＿＿＿＿

❹ 会議は予定より1時間（ a. 延長　b. 延期 ）して5時まで行います。　　＿＿＿＿＿＿＿

❺ このバレエはパリの（ a. 芸術　b. 劇場 ）で見たことがあります。　　＿＿＿＿＿＿＿

2 展示会
てんじかい

Exhibitions／Buổi triển lãm

／20

〈放送〉**展示**会会場および会場**周**辺は、ただ今、大変**混**雑しております。入場券をお買い**求**めの**際**は、係員の指示にしたがってお並びください。
（ほうそう）（てんじかいかいじょう）（かいじょうしゅうへん）（いま）（たいへん）（こんざつ）（にゅうじょうけん）（か）（もと）（さい）（かかりいん）（しじ）（なら）

{Broadcast} The exhibition hall and the surrounding area is currently very crowded. If you wish to purchase an entrance ticket, please follow instructions from the attendants and line up.

(Phát thanh) Hiện nay khu triển lãm và khu vực lân cận đang rất đông. Khi mua vé vào cửa, quý khách xếp hàng theo chỉ dẫn của nhân viên.

1 展 テン	展示（する）てんじ	to display / trưng bày	**6** 際 （きわ）サイ	〜際（に）さい	upon 〜 / khi 〜
	展開（する）てんかい	to develop / triển khai		国際的（な）こくさいてき	international / tính quốc tế
	発展（する）はってん	to advance / phát triển		（〜と）交際（する）こうさい	associate with 〜 / có quan hệ với 〜
10画 TRIỂN	spread out		14画 TẾ	occasion	

2 示 しめ-す ジ	示す しめ	to show / chỉ ra	**7** 乱 （みだ-れる）（みだ-す）ラン	乱暴（する）→6-4 らんぼう	to be violent / cư xử thô bạo
	指示（する）しじ	to indicate / chỉ thị		乱暴（な）→6-4 らんぼう	violent / thô lỗ
	表示（する）ひょうじ	to display / hiển thị		混乱（する）こんらん	to be confused / rối loạn
5画 THỊ	indicate		7画 LOẠN	confusion	

3 周 まわ-リ シュウ	周り まわ	vicinity / xung quanh	**8** 順 ジュン	順 じゅん	order / thứ tự
	周辺→5-4 しゅうへん	surroundings / khu xung quanh		順番 じゅんばん	order / thứ tự
	周囲→5-2 しゅうい	circumference / xung quanh		順序 じゅんじょ	sequence / trật tự
8画 CHU	surrounding area			順調（な）じゅんちょう	favorable / suôn sẻ
			12画 THUẬN	order	

4 混 ま-じる ま-ざる ま-ぜる コン	（〜が）混じる ま	to be mixed / lẫn 〜	**9** 清 （きよ-い）セイ	清潔（な）せいけつ	hygienic / sạch sẽ
	（〜が）混ざる ま	to be mixed / lẫn 〜		清書（する）せいしょ	to make a clean copy / chép Lại
	（〜を）混ぜる ま	to mix / trộn 〜	11画 THANH	clear; pure	
	混雑（する）こんざつ	to be crowded / đông đúc	**10** 隅 すみ	隅 すみ	corner / góc
	混合（する）こんごう	to blend / trộn lẫn		隅々 すみずみ	ins and outs / mọi ngóc ngách
11画 HỖN	mix		12画 NGUNG	nook	

5 求 もと-める キュウ	求める もと	to seek / đòi hỏi	**11** 層 ソウ	高層ビル こうそう	skyscraper / nhà cao tầng
	要求（する）→7-2 ようきゅう	to request / yêu cầu	14画 TẦNG,TẰNG	layer	
7画 CẦU	seek		**12** 贈 おく-る （ゾウ）	贈る おく	to confer / tặng
				贈り物 おく もの	gift / quà tặng
			18画 TẶNG	send a gift	

ドリル A　正しい読みをえらんでください。　　1点×5

① 図1は日本の人口構造の変化を示している。　　a. しめして　　b. あらわして

② スーツを着た人は周りに一人もいなかった。　　a. あたり　　b. まわり

③ 駅前に高層ビルが立ち並んでいる。　　a. こうそ　　b. こうそう

④ 手続きをしようとしたら、パスワードの入力を要求された。　　a. ようきゅう　　b. ようく

⑤ 会場の混雑がひどかったので、疲れてしまった。　　a. こんざつ　　b. こんざい

ドリル B　正しい漢字をえらんでください。　　1点×5

① 結婚する友達に何か＿＿り物をしたい。　　a. 億　　b. 贈　　c. 送
　　　　　　　　　　　　　おく

② ベッドは部屋の＿＿に置いている。　　a. 済　　b. 偶　　c. 隅
　　　　　　　　　すみ

③ 彼女とはまじめに交＿＿しています。　　a. 祭　　b. 採　　c. 際
　　　　　　　　　さい

④ この国は経済が急速に発＿＿している。　　a. 達　　b. 転　　c. 展
　　　　　　　　　　　てん

⑤ ＿＿囲に緑が多い家に住みたい。　　a. 集　　b. 週　　c. 周
しゅう

ドリル C　正しいほうをえらんで、全部ひらがなで＿＿に書いてください。　　1点×10

れい　天気がいいから、（a.公園　b. 道路 ）に行きましょう。　　こうえん

① わが社では国際的に活躍できる人を（a. 求めて　b. 混じって ）います。　　＿＿＿＿＿

② お名前を（a. 展開　b. 順番 ）に呼びますので、お待ちください。　　＿＿＿＿＿

③ よく掃除してあって（a. 清潔な　b. 順調な ）トイレだ。　　＿＿＿＿＿

④ 台風で交通機関が（a. 乱暴　b. 混乱 ）している。　　＿＿＿＿＿

⑤ 作業内容は明確に（a. 指示して　b. 発展して ）ください。　　＿＿＿＿＿

3

旅行
りょこう
Trip／Du lịch

飛行機が遅れた場合の対応は、**航**空会社によってだいぶ**異**なるんじゃない？
ひこうき　おく　　ばあい　たいおう　　こうくうがいしゃ　　　　　　　　　こと

そうだね。とにかく、出発は遅れるとしても、**到**着は遅れないでほしいよね。
しゅっぱつ　おく　　　　とうちゃく　おく

"The way you're treated when an airplane is late can differ quite a lot depending on the airline, wouldn't you say?"
" Yes. I wish that they would at least try to keep you from landing late, even if you depart late."

"Cách xử lí khi máy bay chậm mỗi hãng hàng không lại khác nhau nhỉ?"
" Ừ. Nhưng xuất phát muộn thì được chứ mình không thích đến nơi muộn. "

1	応 こた-える オウ	応える こた	to answer / đáp ứng	
		応じる おう	to respond to / đáp ứng	
		応用（する）おうよう	to apply / ứng dụng	
		応援（する）おうえん	to support / hỗ trợ	
		対応（する）たいおう	to correspond / đối ứng, xử lí	
		一応 いちおう	tentatively / qua loa	
7画 ỨNG	answer			
2	航 コウ	航空 こうくう	airline / hãng hàng không	
		航空券 こうくうけん	airplane ticket / vé máy bay	
10画 HÀNG	travel			
3	異 こと-なる イ	異なる こと	differ / khác	
		異常（な）→9-4 いじょう	abnormal / khác thường	
11画 DỊ	different			
4	到 トウ	到着（する）とうちゃく	to arrive / đến -	
		⇔出発（する）しゅっぱつ	to depart／xuất phát	
8画 ĐÁO	reach			
5	刻 （きざ-む）コク	遅刻（する）ちこく	to be late / muộn	
		深刻（な）→4-5 しんこく	serious / nghiêm trọng	
		時刻 じこく	time / giờ	
		時刻表 じこくひょう	timetable / bảng giờ	
8画 KHẮC	core			

6	浴 あ-びる ヨク	浴びる あ	to be exposed to / tắm	
		海水浴 →5-1 かいすいよく	ocean bathing / tắm biển	
		入浴（する）にゅうよく	to take a bath / đi tắm	
		浴衣★ →1-2 ゆかた	yukata / áo yukata	
10画 DỤC	soak			
7	舟 ふね	舟 ふね / cf. 船	boat / thuyền	
6画 CHU, CHÂU	boat			
8	貝 かい	貝 かい	shellfish / sò	
		貝がら かい	seashell / vỏ sò	
7画 BỐI	shellfish			
9	拾 ひろ-う	拾う ひろ	to pick up / nhặt	
9画 THẬP	pick up			
10	泊 と-まる と-める ハク	（〜が）泊まる と	to stay (at) / ở	
		（〜を）泊める と	to put somebody up / cho ở nhờ	
		宿泊（する）しゅくはく	to stay / nghỉ tại	
		3泊（する）はく	stay 3 nights / từ biểu tả số ngày ở trọ	
8画 BẠC	stay			
11	景 ケイ	景気 けいき	the economy, business conditions / tình hình kinh tế	
		風景 →5-5 ふうけい	landscape / phong cảnh	
		背景 →3-6 はいけい	background / phông, nền	
		景色★ けしき	outlook / cảnh vật	
12画 CẢNH	scene; state			

<table><tr><td>**ドリル A**</td><td>正しい読みをえらんでください。</td><td>1点×5</td></tr></table>

❶ 彼の意見は自分とは<u>異なる</u>ものだった。　　a. いなる　　b. ことなる

❷ ここから見える<u>景色</u>はすばらしいね。　　a. けしき　　b. けいしき

❸ 毎朝、シャワーを<u>浴びて</u>から出かける。　　a. おびて　　b. あびて

❹ 客の要望に<u>応えて</u>、営業時間を1時間延ばした。　　a. たえて　　b. こたえて

❺ <u>拾った</u>ものを自分のものにしてはいけない。　　a あった　　b. ひろった

<table><tr><td>**ドリル B**</td><td>正しい漢字をえらんでください。</td><td>1点×5</td></tr></table>

❶ 帰国するので、＿＿＿空券を買った。　　a. 飛　　b. 港　　c. 航

❷ 飛行機の＿＿＿着が少し早くなるようだ。　　a. 到　　b. 倒　　c. 刻

❸ 今年の夏の気温の高さは＿＿＿常だ。　　a. 以　　b. 異　　c. 違

❹ 入＿＿＿する前に水を飲んだほうがいい。　　a. 欲　　b. 浴　　c. 容

❺ この問題の背＿＿＿にはさまざまな事情がある。　　a. 形　　b. 軽　　c. 景

<table><tr><td>**ドリル C**</td><td>正しいほうをえらんで、全部ひらがなで＿＿に書いてください。</td><td>1点×10</td></tr></table>

［れい］ 天気がいいから、（ⓐ公園　b. 道路 ）に行きましょう。　　<u>こうえん</u>

❶ 温暖化は世界的に（ a. 深刻な　b. 景気の ）問題だ。　　＿＿＿＿＿＿

❷ 船の出発（ a. 時刻　b. 遅刻 ）を調べた。　　＿＿＿＿＿＿

❸ 駅の近くのホテルに（ a. 宿泊　b. 浴衣 ）した。　　＿＿＿＿＿＿

❹ （ a. 景気　b. 風景 ）がよくなると、車がよく売れるそうだ。　　＿＿＿＿＿＿

❺ 店員の数が少ないと、注文に早く（ a. 応援　b. 対応 ）できない。　　＿＿＿＿＿＿

4

試合
しあい

Match／Thi đấu

"Isn't it interesting to watch matches where you don't know who will win until the end?"
"Yes. One team comes back, then the other does. Players who have been switched in will suddenly get points."

"Trận đấu đến cuối vẫn không đoán được thắng thua thế mới hay nhỉ."
"Ừ, lật ngược tình thế rồi lại bị lật nguwowicj tình thế. Cầu thủ vào thay thì bất ngờ ghi bàn thắng."

1	試 （こころ-みる）ため-す シ	試す ため	to try	thử
		試合 しあい	match	trận đấu
		入試・入学試験 にゅうし・にゅうがくしけん	entrance exam	kì thi đấu vào
13画	THÍ		attempt	
2	敗 （やぶ-れる）ハイ	失敗（する）→4-3 しっぱい	to fail	thất bại
		勝敗 しょうはい	victory or defeat	thắng thua
11画	BẠI		defeat	
3	面 おも メン	面白い おもしろ	interesting	thú vị
		面倒（な）→5-5 めんどう	bothersome	phiền toái
		面倒をみる →5-5 めんどう	to take care of	chăm sóc
		画面 がめん	screen	màn hình
		正面 →8-5 しょうめん	façade; front	trực diện
9画	DIỆN		face	
4	逆 さか-らう さか-さ ギャク	（〜に）逆らう さか	to disobey	chống lại
		逆さ さか	inverse	ngược
		逆さま さか	upside down	chống ngược
		逆 ぎゃく	reverse	ngược
		逆転（する）ぎゃくてん	to reverse	lật ngược tình thế
9画	NGHỊCH		opposite	

5	代 か-わる か-わり か-える ダイ タイ	代表（する）だいひょう	to represent	đại diện
		代理 だいり	representative	đại lí
		現代 げんだい	modern age	hiện đại
		時代 じだい	age; era	thời đại
		交代（する）→6-3 こうたい	to switch	thay thế
5画	ĐẠI		replacement; age	
6	競 （きそ-う）キョウ （ケイ）	競争（する）→7-3 きょうそう	to compete	cạnh tranh
		競技 きょうぎ	competition	thi đấu
20画	CẠNH		compete	
7	柔 やわ-らかい ジュウ	柔らかい やわ	soft	mềm mại
		柔道 じゅうどう	judo	môn võ jyudo
		柔軟（な）→5-2 じゅうなん	flexible	mềm mại
9画	NHU		soft; flexible	
8	銅 ドウ	銅 どう	copper	đồng
		銅メダル どう	bronze medal	huy chương đồng
14画	ĐỒNG		copper	
9	央 オウ	中央 ちゅうおう	center	trung ương
5画	ƯƠNG		center	
10	誌 シ	雑誌 ざっし	magazine	tạp chí
14画	CHÍ		write; journal	
11	刊 カン	月刊 げっかん	monthly publication	báo nguyệt san
5画	SAN		publish	
12	投 な-げる トウ	投書 とうしょ	letter from a reader	thư góp ý
		投手 とうしゅ	pitcher	cầu thủ ném bóng trong bóng chày
7画	ĐẤU		throw	

ドリル A　正しい読みをえらんでください。

1点×5

❶ 仕事で失敗して、上司に怒られた。　　　a. しっはい　　b. しっぱい

❷ この肉は柔らかくておいしいね。　　　a. やらかくて　　b. やわらかくて

❸ 新しい機械が動くかどうか試してみた。　　　a. ためして　　b. しして

❹ 夫婦で交代して赤ちゃんの面倒をみた。　　　a. こうだい　　b. こうたい

❺ あれ？　このポスター、上下が逆さになってるよ。　　　a. さけさ　　b. さかさ

ドリル B　正しい漢字をえらんでください。

1点×5

❶ 上司の＿＿理でパーティーに出席した。　　　a. 代　　b. 台　　c. 第

❷ 市の中＿＿図書館で本を借りた。　　　a. 応　　b. 史　　c. 央

❸ A大学の去年の入＿＿問題を解いてみた。　　　a. 紙　　b. 試　　c. 誌

❹ 国際的な価格＿＿争が激しくなっている。　　　a. 競　　b. 強　　c. 協

❺ ３位の選手に＿＿メダルが与えられた。　　　a. 同　　b. 胴　　c. 銅

ドリル C　正しいほうをえらんで、全部ひらがなで＿＿に書いてください。

1点×10

[れい] 天気がいいから、(a. 公園　b. 道路) に行きましょう。　　　こうえん

❶ 窓の (a. 正面　b. 画面) から山が見えます。　　　＿＿＿＿＿＿

❷ (a. 柔軟な　b. 面倒な) 仕事は早く終わらせてしまおう。　　　＿＿＿＿＿＿

❸ 親に (a. 逆らって　b. 逆転して) でも、結婚するつもりだった。　　　＿＿＿＿＿＿

❹ 私はこの (a. 投書　b. 雑誌) を月に２回買っています。　　　＿＿＿＿＿＿

❺ このような差別は、(a. 時代　b. 現代) の社会では許されない。　　　＿＿＿＿＿＿

スポーツジム

Athletic Gym／Phòng tập thể thao

スポーツジムは初めて。なんだか**操作**の難しそうな**機械**がいっぱい…。

大丈夫だよ。これを試したら？ **目標**が**設定**できるし、**効果**がすぐ**得**られるんだって。

"This is my first time in a gym. It's full of machines that look kind of difficult to operate..."
"It's okay. Try this one out. You can set your own goals and get immediate results."

"Lần đầu tớ đến phòng tập thể thao đấy. Trông nhiều máy tập có vẻ khó thao tác nhỉ…"
"Yên tâm. Cậu thử cái này đi! Cậu có thể đặt mục tiêu và đạt được hiệu quả ngay. "

1	操 （あやつ-る）ソウ	操作（する）→8-3 そうさ	to operate / thao tác
		体操 たいそう	exercise / thể dục
16画	THAO, THÁO	control	
2	械 カイ	機械→7-3 きかい	machine / máy móc
11画	GIỚI	tool	
3	標 ヒョウ	目標 もくひょう	goal; target / mục tiêu
		標識 ひょうしき	sign / biển chỉ dẫn
15画	PHIẾU	indication	
4	設 （もう-ける）セツ	設備→6-1 せつび	equipment / thiết bị
		建設（する）けんせつ	to construct / xây dựng
		設定（する）せってい	to set / thiết lập
		設計（する）→8-5 せっけい	to design / thiết kế
11画	THIẾT	establish	
5	効 き-く コウ	効く き	to work, to be effective / có tác dụng
		効果→1-3 こうか	effect / hiệu quả
		有効（な）ゆうこう	effective / có hiệu lực
8画	HIỆU	effective	
6	得 え-る う-る トク	得る え	to gain / có được
		得（な）とく	beneficial / được lợi
		得点（する）とくてん	to score / ghi điểm
		得意（な）とくい	good at / giỏi
		納得（する）なっとく	to be persuaded / chấp nhận
11画	ĐẮC	gain	

7	伸 の-びる の-ばす シン	（〜が）伸びる の	to stretch / ~ khá lên
		（〜を）伸ばす の	to stretch / kéo dài ~
7画	THÂN	stretch	
8	更 さら-に コウ	更に さら	furthermore / hơn nữa
		更衣室→1-2 こういしつ	dressing room / phòng thay đồ
		変更（する）へんこう	to change / thay đổi
7画	CANH	replace; further	
9	除 のぞ-く ジョ	除く のぞ	to remove / ngoại trừ
		削除（する）さくじょ	to erase / xóa
		掃除（する）★→9-5 そうじ	to clean / dọn dẹp
10画	TRỪ	remove	
10	待 ま-つ タイ	期待（する）きたい	to expect / mong đợi, kì vọng
		招待（する）しょうたい	to invite / mời
9画	ĐÃI	wait	
11	習 なら-う シュウ	習慣 しゅうかん	custom / tập quán, thói quen
		練習（する）れんしゅう	to practice / luyện tập
11画	TẬP	learn	
12	危 あぶ-ない あや-うい キ	危うい あや	dangerous / nguy hiểm
		危険（な）きけん	dangerous / nguy hiểm
6画	NGUY	danger	

ドリル　A　正しい読みをえらんでください。　　　　1点×5

❶ この薬は頭痛によく効く。　　　　　　　　　　　　a. とく　　　b. きく

❷ 彼の説明が分かりやすかったので、納得できた。　　a. なっとく　　b. のうとく

❸ 吉田先生の授業で多くの知識を得ることができた。　a. とる　　　b. える

❹ このカメラは操作が難しい。　　　　　　　　　　a. そうさく　　b. そうさ

❺ 年末年始を除いて、一年 中 休みなく営業しています。　a. のいて　　b. のぞいて

ドリル　B　正しい漢字をえらんでください。　　　　1点×5

❶ 今度の日曜日、先生のお宅に招＿＿された。　　a. 侍　　b. 持　　c. 待
　　　　　　　　　　　　　　　たい

❷ この体＿＿はダイエットに効果があるらしいよ。　a. 走　　b. 操　　c. 掃
　　　そう

❸ 古いファイルをパソコンから削＿＿した。　　a. 徐　　b. 除　　c. 叙
　　　　　　　　　　　　　　じょ

❹ 10キロ走るのを目＿＿にしています。　　a. 票　　b. 標　　c. 漂
　　　　　　　　ひょう

❺ 旅行の出発時間が変＿＿された。　　a. 硬　　b. 効　　c. 更
　　　　　　　　　　こう

ドリル　C　正しいほうをえらんで、全部ひらがなで＿＿に書いてください。　　1点×10

れい　天気がいいから、（ⓐ公園　b. 道路 ）に行きましょう。　　　　こうえん

❶ ベッドの上でよく体を（ a. 伸びて　b. 伸ばして ）から起きた。　　＿＿＿＿＿＿＿

❷ まとめて買うと割り引きになるので（ a. 得意　b. 得 ）だ。　　＿＿＿＿＿＿＿

❸ 株が値上がりすることを（ a. 期待　b. 建設 ）していた。　　＿＿＿＿＿＿＿

❹ 毎日のトレーニングの（ a. 効果　b. 有効 ）が出てきた。　　＿＿＿＿＿＿＿

❺ 工場の古い（ a. 設計　b. 設備 ）を新しくする予定だ。　　＿＿＿＿＿＿＿

まとめ問題 A

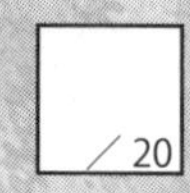

問題1 ＿＿＿＿の言葉の読み方として最もよいものを1・2・3・4から一つ選びなさい。

1 駅から南へ行くべきなのに、逆に北へ歩き出してしまった。

    1　たま　　　　　　2　すぐ　　　　　　3　へん　　　　　　4　ぎゃく

2 秋は芸術の季節だと言われている。

    1　ぎじゅつ　　　　2　きじゅつ　　　　3　げいじゅつ　　　4　けいじゅつ

3 太陽の光を浴びて、春に植えたサクラがどんどん成長している。

    1　あびて　　　　　2　おびて　　　　　3　よびて　　　　　4　のびて

4 オリンピックで見たい競技と言えば、何ですか。

    1　きょうぎ　　　　2　きょうき　　　　3　こうぎ　　　　　4　こうき

5 その説明で、みんなが納得するだろうか。

    1　などく　　　　　2　なっどく　　　　3　なっとく　　　　4　なとく

6 こちらの製品をどうぞお試しください。

    1　わたし　　　　　2　だまし　　　　　3　ためし　　　　　4　もどし

7 実験の1回目と2回目では、結果がかなり異なった。

    1　いなった　　　　2　ちなった　　　　3　かさなった　　　4　ことなった

問題2 ＿＿＿＿の言葉の書き方として最もよいものを1・2・3・4から一つ選びなさい。

1 お名前を呼ばれたじゅんに、こちらへお並びください。

    1　準　　　　　　　2　序　　　　　　　3　順　　　　　　　4　純

2 ピアノでもバイオリンでも、何かがっきができたら、楽しいだろうなあ。

    1　学期　　　　　　2　学科　　　　　　3　楽機　　　　　　4　楽器

3 庭のすみに小さな花が咲いている。

    1　奥　　　　　　　2　住　　　　　　　3　隅　　　　　　　4　済

4 この例が<u>しめす</u>ように、変化は急速に進むのです。

 1 支めす   2 指す   3 示す   4 閉めす

5 駅前に大規模な<u>こうそう</u>マンションが建った。

 1 高層   2 高総   3 構造   4 構成

6 困ったときは、周囲に助けを<u>もとめ</u>よう。

 1 求とめ   2 求め   3 基め   4 基とめ

7 友人がコンサートに<u>しょうたい</u>してくれた。

 1 紹待   2 招待   3 状態   4 賞態

8 A「その雑誌、<u>しゅうかん</u>誌?」
B「うん。木曜日に必ず買ってるんだ。」

 1 週刊   2 週間   3 習慣   4 習観

問題3 （ ）に入れるのに最もよいものを1・2・3・4から一つ選びなさい。

1 来週の旅行では、京都に3（ ）する予定です。

 1 白   2 泊   3 伯   4 拍

2 時代と音楽の関係が知りたくて、音楽（ ）の授業を受けている。

 1 氏   2 紙   3 史   4 市

問題4 （ ）に入れるのに最もよいものを1・2・3・4から一つ選びなさい。

1 財布を（   ）ので、警察に届けた。

 1 踊った   2 拾った   3 泊めた   4 贈った

2 小麦粉と塩をよく（   ）から、水を加えます。

 1 触れて   2 逆らって   3 伸ばして   4 混ぜて

3 試験に合格することを（   ）に、がんばって勉強しています。

 1 得点   2 目標   3 期待   4 応援

まとめ問題 B

/30

問題 次の文を読んで、質問に答えなさい。

> この旅行会社が利用者数を①伸ばしている理由は、人とは②異なる体験をしたい、③珍しい④景色を見たいという外国人の⑤期待に⑥応えているからだ。この会社のツアーに参加した人たちは⑦浴衣を着て⑧伝統的な⑨踊りを踊ったり、⑩混雑する朝の市場を見学したりするそうだ。これから更に利用者の⑪求めに⑫応じられるツアーを考えていくということだ。

問1 ①〜⑫の漢字をひらがなにして、＿＿＿＿を全部ひらがなで書きなさい。　　（2点×12＝24点）

①	②	③
④	⑤	⑥
⑦	⑧	⑨
⑩	⑪	⑫

問2 文の内容と合うものに〇、合わないものに×をつけなさい。　　（3点×2＝6点）

a. （　　　　） この旅行会社を利用する人は、増えてきている。

b. （　　　　） 今後も、この旅行会社から新しいツアーが出てくると思われる。

UNIT 3　人・心・体
ひと　こころ　からだ

People / Heart and Mind / Body
Con người, tâm lí, cơ thể

家族
<ruby>か ぞく</ruby>

Family／Gia đình

／20

祖母は**年齢**よりとても若く見えるので、母と
並ぶと、二人はまるで**姉妹**のようなんです。
リサの先輩：**親子**は顔も**似**ますからね。

"My grandmother looks much younger than she is, and when you look at her next to my mother, they nearly look like sisters. "
"Parents and children do look alike. "

"Bà mình trông trẻ hơn tuổi nên khi đứng cạnh mẹ, hai người giống hệt như chị em vậy."
"Mẹ con thì mặt cũng giống nhau mà. "

1	祖 ソ	祖父 そ ふ	grandfather / ông
		祖母 そ ぼ	grandmother / bà
		祖先 そ せん	ancestors / tiên tổ
		先祖 せん ぞ	ancestors / tổ tiên
9画	TỔ	ancestor	

2	母 はは／ボ	母親 はは おや	mother / mẹ
		母国 ぼ こく	homeland / đất nước
		父母 ふ ぼ	parents / bố mẹ
5画	MẪU	mother	

3	齢 レイ	年齢 ねん れい	age / tuổi
		高齢 こう れい	old age / cao tuổi
17画	LINH	age	

4	姉 あね／シ	姉妹 し まい	sisters / chị em
8画	TỶ,TỈ	older sister	

5	親 おや／した-しい／シン	親子 おや こ	parent and child / bố mẹ con cái
		親指 おや ゆび	thumb / ngón tay cái
		親しい した	familiar / thân thiết
		親戚 しん せき	relatives / người thân
		親類 しん るい	relatives / họ hàng
		親友 しん ゆう	close friend / bạn thân
16画	THÂN	parent	

6	似 に-る／（ジ）	似る に	to be alike / giống nhau
		似合う に あ	to suit / hợp
7画	TỰ	similar	

7	父 ちち／フ	父親 ちち おや	father / bố
		父母 ふ ぼ	parents / bố mẹ
4画	PHỤ	father	

8	妹 いもうと／マイ	姉妹 し まい	sisters / chị em
8画	MUỘI	younger sister	

9	弟 おとうと／ダイ／デ／（テイ）	兄弟 きょう だい	brothers / anh em
		弟子 で し	pupil / đệ tử
7画	ĐỆ	younger brother	

10	孫 まご／ソン	孫 まご	grandchild / cháu
		子孫 し そん	descendants / con cháu
10画	TÔN	grandchild	

11	児 ジ／（ニ）	児童→6-1 じ どう	child / nhi đồng
		育児（する） いく じ	to raise a child / nuôi con
7画	NHI	child	

12	娘 むすめ	娘 むすめ	daughter / con gái cf. con trai
		cf. 息子 むす こ	
10画	NƯƠNG	daughter	

13	歳 サイ	9歳 さい	9 years old / 9 tuổi
		二十歳 ★ はたち/にじゅっさい	20 years old / hai mươi tuổi
13画	TUẾ	age	

14	育 そだ-つ／そだ-てる／イク	子育て（する） こ そだ	to raise a child / nuôi dạy con
		教育（する） きょう いく	to educate / giáo dục
8画	DỤC	raise	

ドリル A　正しい読みをえらんでください。

1点×5

❶ あの人とは特に<u>親しい</u>わけではない。　　　a. ちかしい　　b. したしい

❷ 木村さんは<u>姉妹</u>でよく旅行に行くそうだ。　　a. しまい　　　b. してい

❸ <u>児童</u>文学には大人も楽しめる作品が数多くある。　a. にどう　　b. じどう

❹ 石田さんは3人、<u>娘</u>さんがいるそうだ。　　a. じょう　　b. むすめ

❺ 彼女は、あのピアニストの<u>弟子</u>だそうだ。　　a. だいし　　b. でし

ドリル B　正しい漢字をえらんでください。

1点×5

❶ あの人、川田先生に＿＿＿てるね。　　　a. 以　　b. 比　　c. 似
　　　　　　　　　　　に

❷ ここにお名前と年＿＿＿を書いてください。　a. 冷　　b. 齢　　c. 玲
　　　　　　　　　れい

❸ 私の＿＿＿父は一人で生活しています。　a. 阻　　b. 粗　　c. 祖
　　　　そ

❹ 彼女は私の＿＿＿友です。　　a. 真　　b. 心　　c. 親
　　　　　　しん

❺ 今、＿＿＿児のために会社を休んでいます。　a. 肯　　b. 育　　c. 有
　　　いく

ドリル C　正しいほうをえらんで、全部ひらがなで＿＿＿に書いてください。

1点×10

れい 天気がいいから、（ⓐ.公園　b. 道路 ）に行きましょう。　　　　こうえん

❶ 戦争で、（ a. 祖母　b. 母国 ）に帰りたくても帰れなかった人もいたそうだ。　＿＿＿＿＿＿＿

❷ これは昔、私の（ a. 親子　b. 先祖 ）が作った橋です。　＿＿＿＿＿＿＿

❸ どの親も、子供には良い（ a. 教育　b. 育児 ）を受けさせたいと考えている。　＿＿＿＿＿＿＿

❹ 田中さんのうちに去年、（ a. 孫　b. 子孫 ）が生まれたそうだ。　＿＿＿＿＿＿＿

❺ その服、とてもあなたに（ a. 似ている　b. 似合っている ）ね。　＿＿＿＿＿＿＿

ペット

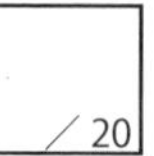

/ 20

Pets ／ Thú cưng

"Whoa, what's this?! There's so many puppies! This one that you're holding is cute, too, Lisa-san. And it looks smart."
"Yes. I was surprised, too. Apparently large dogs give birth to many puppies."

"Oa, gì thế này? Nhiều chó con quá! Con Lisa đang bế cũng đáng yêu quá. Trông khôn nữa!"
" Ừ, tớ cũng giật mình. Con chó to mới đẻ mấy con liền đấy. "

1	犬 いぬ／ケン	警察犬 →6-3, 9-3 けいさつけん	police dog / chó cảnh sát
		大型犬 おおがたけん	large dog / chó kích thước lớn
4画	KHUYỂN	dog	

2	抱 だ-く／いだ-く／かか-える／(ホウ)	抱く だ	to hold / bế, ôm
		抱く いだ	to embrace / ôm
		抱える かか	to hold in arms / ôm
8画	BÀO	carry	

| 3 | 賢 かしこ-い／(ケン) | 賢い かしこ | smart / khôn, thông minh |
| 16画 | HIỀN | wise | |

4	型 かた／ケイ	大型 おおがた	large / cỡ lớn
		新型 →4-1 しんがた	new style / loại mới
		典型的 てんけいてき	stereotypical / tính điển hình
9画	HÌNH	type	

| 5 | 匹 ひき | 3匹 びき | 3 (animals) / ba con |
| 4画 | MỘC | number of animals | |

6	産 う-む／う-まれる／サン	産む う	to give birth / sinh, đẻ
		産業 さんぎょう	industry / công nghiệp
		出産(する) しゅっさん	to give birth / sinh sản
		生産(する) せいさん	to produce / sản xuất
11画	SẢN	birth	

| 7 | 猫 ねこ | 猫 ねこ | cat / mèo |
| 11画 | MIÊU | cat | |

8	幼 おさな-い／ヨウ	幼い おさな	very young / bé bỏng
		幼児 →3-1 ようじ	infant / trẻ nhỏ
		幼稚園 ようちえん	kindergarten / nhà trẻ
5画	ẤU	young	

9	坊 ボウ／(ボッ)	赤ん坊 あか ぼう	baby / trẻ sơ sinh
		寝坊(する) →1-3 ねぼう	to oversleep / ngủ quên
		お坊さん ぼう	Buddhist monk / ông sư
7画	PHÒNG	child; monk	

| 10 | 老 ロウ | 老人 ろうじん | elderly person / người già |
| 6画 | LÃO | old | |

11	仲 なか	仲 なか	relationship / mối quan hệ
		仲間 なかま	friend / cùng hội, nhóm
6画	TRỌNG	relation	

12	独 ひと-り／ドク	独り ひと	oneself, alone / một mình
		独身 →3-4 どくしん	single / độc thân
		独立(する) どくりつ	(to become) independent / độc lập
		独特(な) どくとく	unique / đặc sắc
9画	ĐỘC	lone	

13	迷 まよ-う／メイ	迷う まよ	to become lost / phân vân, lạc đường
		迷惑(な) めいわく	annoying / phiền toái, làm phiền
		迷信 →7-4 めいしん	superstition / mê tín
		迷子★ まいご	lost child / trẻ lạc
9画	MÊ	lost	

ドリル **A**	正しい読みをえらんでください。		1点×5

❶ 電車が込んでいるときは、リュックは前に<u>抱えて</u>ください。　a. いだえて　　b. かかえて

❷ 人の話がちゃんとわかるなんて、この犬、<u>賢い</u>ですね。　　a. かしこい　　b. えらい

❸ すっかり道に<u>迷って</u>しまった。　　　　　　　　　　　　a. まどって　　b. まよって

❹ 彼女は<u>幼い</u>子供を残して亡くなった。　　　　　　　　　a. ようい　　　b. おさない

❺ この料理、<u>独特</u>なにおいがしますね。　　　　　　　　　a. とくどくな　b. どくとくな

ドリル **B**	正しい漢字をえらんでください。			1点×5

❶ この絵は日本人の典＿＿的なイメージを表している。　a. 型　　b. 系　　c. 形

❷ 安田さんは＿＿を5匹飼っているそうだ。　　　　　　a. 描　　b. 畜　　c. 猫

❸ A国は1970年に＿＿立した。　　　　　　　　　　　a. 触　　b. 読　　c. 独

❹ どこからか赤ん＿＿の泣き声が聞こえる。　　　　　　a. 防　　b. 亡　　c. 坊

❺ この車の新＿＿が来月発売になります。　　　　　　　a. 形　　b. 型　　c. 片

ドリル **C**	正しいほうをえらんで、全部ひらがなで＿＿に書いてください。	1点×10

[れい] 天気がいいから、((a.)公園　b. 道路) に行きましょう。　　　　　　こうえん

❶ あの二人は昔から (a. 仲間　b. 仲) がいい。　　　　　　　　　　　　＿＿＿＿＿＿

❷ 人に (a. 迷信　b. 迷惑) をかけないように気を付けている。　　　　　＿＿＿＿＿＿

❸ 友人の赤ちゃんを (a. 抱かせて　b. 寝坊させて) もらった。　　　　　＿＿＿＿＿＿

❹ 海外の旅行先で (a. 迷子　b. 独身) になったことがある。　　　　　　＿＿＿＿＿＿

❺ 去年、女の子を (a. 出産　b. 生産) しました。　　　　　　　　　　　＿＿＿＿＿＿

3

悩み
なや

Worries／Sự lo lắng

/ 20

彼女、何か**悩み**でもあるのかなあ。**精神状**態が
かのじょ　なに　なや　　　　　　　　　　せいしんじょうたい
不安定で、**怒り**っぽくなってるよね。
ふ あんてい　　おこ

うん……。最近、彼女の**笑顔**を見ないね。
さいきん　かのじょ　えがお　み
恋人とうまく行ってないのかも。
こいびと　　　　　い

"I wonder if she's worried about something. Her mental state is unstable, and she seems angry."
"Yes... You don't see her smile lately. Maybe things aren't going well with her lover."

"Cô ấy hình như đang có khúc mắc gì ấy. Tinh thần không ổn định mà lại hay cáu nữa. "
"Ừ... Dạo này cũng không thấy cô ấy cười mấy. Chắc là có trục trặc gì với người yêu chăng,"

1	悩	なや-む / なや-み / ノウ	悩む なや	to worry / ưu phiền
			悩み なや	worries / sự ưu phiền
10画	NÃO		trouble	

2	彼	かれ / かの	彼 かれ	he / anh ấy
			彼女 かのじょ	she / cô ấy
8画	BỈ		him	

| 3 | 精 | セイ | 精神 →3-4 せいしん | mind / tinh thần |
| 14画 | TINH | | vitality | |

4	状	ジョウ	状態 →5-3 じょうたい	state, condition / trạng thái
			状況 →6-5 じょうきょう	situation / tình trạng
			現状 げんじょう	current condition / hiện trạng
			招待状 →4-5, 2-5 しょうたいじょう	invitation card / giấy mời
7画	TRẠNG		state	

| 5 | 怒 | (いか-る) / (いか-り) / おこ-る | 怒る おこ | to get angry / giận |
| 9画 | NỘ | | anger | |

6	笑	わら-う / え-む / (ショウ)	笑う わら / cf. 泣く な	to laugh / cười cf. khóc
			笑顔 →3-6 えがお	smile / nụ cười
10画	TIẾU		laughter	

7	恋	こい / こい-しい / レン	恋 こい	love / tình yêu
			恋しい こい	nostalgic for, beloved / yêu thương
			恋人 こいびと	lover / người yêu
			失恋(する) →4-3 しつれん	to have one's heart broken / thất tình
10画	LUYẾN		romance	

8	愛	アイ	愛(する) あい	to love / yêu
			愛情 あいじょう	affection / tình cảm
			恋愛(する) れんあい	to have a romance / yêu
13画	ÁI		love	

9	憎	にく-む / にく-い / にく-らしい	憎む にく	to hate / hận
			憎い にく	detestable / đáng hận
			憎らしい にく	hateful / hận
14画	TĂNG		hate	

| 10 | 叫 | さけ-ぶ | 叫ぶ さけ | to scream / gào |
| 6画 | KHIẾU | | scream | |

11	嫌	きら-う / きら-い / いや / (ケン) / ゲン	嫌う きら	to hate / ghét
			嫌がる いや	to dislikem to hate / khó chịu
			嫌い(な) きら	hated / ghét
			嫌(な) いや	disliked / khó chịu
			機嫌 →7-3 きげん	mood / tâm trạng
13画	HIỀM		dislike	

12	言	い-う / こと / ゲン / ゴン	言葉 →1-1 ことば	word / lời nói
			独り言 →3-2 ひとごと	monologue / nói một mình
			言語 げんご	language / ngôn ngữ
			方言 ほうげん	dialect / từ địa phương
			伝言 →5-3 でんごん	message / lời nhắn
7画	NGÔN		speech, word	

ドリル　A　　正しい読みをえらんでください。

1点×5

❶ 子供の笑顔を見ると、幸せな気持ちになる。　　　　a. わらがお　　　b. えがお

❷ すみませんが、田中さんに伝言をお願いします。　　a. でんげん　　　b. でんごん

❸ 今日は課長の機嫌が悪かった。　　　　　　　　　　a. きけん　　　　b. きげん

❹ 怖い夢を見て、大きな声で叫んでしまった。　　　　a. さけんで　　　b. さかんで

❺ 人を憎んでばかりいると、つらくなるよ。　　　　　a. なやんで　　　b. にくんで

ドリル　B　　正しい漢字をえらんでください。

1点×5

❶ 私も早く＿＿人がほしいなあ。　　　　　　a. 変　　　b. 愛　　　c. 恋

❷ 子供を＿＿りすぎるのはよくないよ。　　　a. 憎　　　b. 起　　　c. 怒

❸ 各自の仕事の現＿＿を報告してください。　a. 状　　　b. 情　　　c. 精

❹ テレビを見ながらよく独り＿＿を言ってしまう。　a. 事　　　b. 言　　　c. 答

❺ ＿＿みがあったらいつでも相談してください。　a. 悩　　　b. 憎　　　c. 脳

ドリル　C　　正しいほうをえらんで、全部ひらがなで＿＿に書いてください。

1点×10

れい　天気がいいから、（ⓐ.公園　b. 道路 ）に行きましょう。　　　　こうえん

❶ 面接で、最近の健康（ a. 状態　b. 精神 ）を聞かれた。　　　＿＿＿＿＿＿＿

❷ 私の父は家族に（ a. 愛情　b. 恋愛 ）深い人でした。　　　　＿＿＿＿＿＿＿

❸ 爪が窓ガラスに当たって「キーッ」と（ a. 嫌な　b. 憎らしい ）音がした。　＿＿＿＿＿＿＿

❹ 世界の（ a. 言語　b. 方言 ）の中で、スペイン語とポルトガル語は比較的似ている。

＿＿＿＿＿＿＿

❺ 結婚式の（ a. 状況　b. 招待状 ）が届いた。　　　＿＿＿＿＿＿＿

4

宗教
しゅうきょう

Religion／Tôn giáo

/ 20

今後への不安や悩みがあるときって、どうしますか。
こんご　　ふあん　なや

リサの先輩：そうですね。身近なお寺を訪ねます。
せんぱい　　　　　　　　　　みぢか　　てら　たず

お祈りをしたり、仏像を見たりするだけで落ち着く
いの　　　　　　　ぶつぞう　み　　　　　　　　　お　つ

んです。

"What do you do when you have anxieties or worries about the future? "
"Well, I go to a temple that's close to me. Just praying and looking at the Buddha statue calms me."

" Khi có lo lắng hay ưu tư về tương lai thì anh làm gì?"
"Ừm…. Chị sẽ đến viếng chùa gần nhà. Cầu nguyện hay ngắm tượng Phật cũng thấy bình tâm lại rồi."

#	漢字	読み	語例	意味
1	宗	シュウ	宗教（しゅうきょう）	religion / Tôn giáo
	8画	TÔN		religion
2	今	いま／コン	今後（こんご）	the future, hereafter / sau này
			今度（こんど）→2-1	the latest, other day / lần sau
			今回（こんかい）→7-2	this time / lần này
			今日（こんにち）	these days / xin chào
			今日（きょう）★	today / hôm nay
	4画	KIM		now
3	身	み／シン	身近（みぢか）（な）	familiar / gần
			身分（みぶん）	one's place / thân phận
			身長（しんちょう）	height / chiều cao
			自身（じしん）→1-1	oneself / tự bản thân
			出身（しゅっしん）	birthplace / xuất thân
	7画	THÂN		body
4	訪	（おとず-れる）／たず-ねる／ホウ	訪ねる（たず）	to visit / thăm
			訪問（ほうもん）（する）	to visit / thăm
	11画	PHÓNG		visit
5	祈	いの-る／いの-り	祈る（いの）	to pray / cầu nguyện
			祈り（いの）	prayer / sự cầu nguyện
	8画	KÌ		pray
6	仏	ほとけ／ブツ	仏（ほとけ）	Buddha / phật
			仏教（ぶっきょう）	Buddhism / phật giáo
			仏像（ぶつぞう）→9-3	Buddha statue / tượng phật
	4画	PHẬT		Buddha
7	落	お-ちる／お-とす／ラク	（〜が）落ち着く（おつ）	to calm down / ~ ổn định
			落第（らくだい）（する）	to fail / (học)đúp
			段落（だんらく）	paragraph / đoạn văn
	12画	LẠC		fall
8	神	かみ／シン	神（様）（かみ／さま）	god / thần
			神経（しんけい）→7-2	nerve / thần kinh
			精神（せいしん）→3-3	mind / tinh thần
			神社（じんじゃ）	shrine / điện thần
	9画	THẦN		god, mind, soul
9	恥	（は-じる）／（はじ）／（は-じらう）／は-ずかしい	恥ずかしい（は）	embarrassing / xấu hổ
	10画	SỈ		shame
10	旧	キュウ	旧型（きゅうがた）→3-2	old model / kiểu cũ
			旧〜（きゅう）	former ~, old / ~ cũ
	5画	CỰU		old; former
11	印	しるし／イン	印（しるし）	seal / dấu
			目印（めじるし）	mark / đánh dấu
			印象（いんしょう）→9-2	impression / ấn tượng
	6画	ẤN		seal; marker
12	久	ひさ-しい／キュウ	久しぶり（ひさ）	first time in a while / lâu lâu
			永久（えいきゅう）→5-3	forever / vĩnh cửu
	3画	CỬU		long time

ドリル　A　　正しい読みをえらんでください。　　　　1点×5

❶ いつか<u>訪ねて</u>みたい場所がたくさんあります。　　a. おとずねて　　b. たずねて

❷ 環境を守るために<u>身近</u>でできることはありますか。　a. しんきん　　b. みぢか

❸ 自分の傘だとすぐ分かるように、<u>目印</u>を付けておこう。　a. めじるし　　b. もくいん

❹ 神社で妹の入試合格を<u>祈った</u>。　　a. いのった　　b. おった

❺ <u>今日</u>では、外国人の店員は珍しくなくなった。　a. きょう　　b. こんにち

ドリル　B　　正しい漢字をえらんでください。　　　　1点×5

❶ 新型が発売され、＿＿＿型が安くなった。　　a. 古　　b. 元　　c. 旧

❷ 彼はいつも穏やかな人という＿＿＿象です。　　a. 印　　b. 引　　c. 院

❸ 就職活動で、A社を＿＿＿問した。　　a. 方　　b. 報　　c. 訪

❹ この寺には有名な＿＿＿像があるそうだ。　　a. 物　　b. 仏　　c. 払

❺ 道で転んでしまって、＿＿＿ずかしかった。　　a. 恥　　b. 恋　　c. 聴

ドリル　C　　正しいほうをえらんで、全部ひらがなで＿＿＿に書いてください。　　1点×10

れい　天気がいいから、（ⓐ公園　b. 道路 ）に行きましょう。　　　こうえん

❶ 日本では「信じている（a. 宗教　b. 神経 ）は特に無い」という人も多い。　＿＿＿＿＿＿＿

❷ 社長がいる以上、この会社は（a. 永久に　b. 久しぶりに ）変わらない。　＿＿＿＿＿＿＿

❸ 引っ越しして、（a. 落ち着いたら　b. 落第したら ）連絡しますね。　＿＿＿＿＿＿＿

❹ ご（a. 自身　b. 出身 ）はどちらですか。　＿＿＿＿＿＿＿

❺ （a. 今回　b. 今度 ）、休みの日にでも一緒に食事しませんか。　＿＿＿＿＿＿＿

5

敬語
けい　ご

Honorific Language／Kính ngữ

／20

貴重な本をお貸しくださり、ありがとうございます。
き ちょう ほん　　か
大変**参考**になります。
たいへんさんこう

大学の先生：どうぞゆっくり読んでください。
だいがく　　せんせい　　　　　　　　　　　　　　よ
急がなくて結**構**ですよ。
いそ　　　　　　　けっこう

"Thank you for allowing me to borrow this valuable book. It was of great reference."
University Professor "Please take your time as you read it. There's no need to rush."

"Xin cám ơn đã cho em mượn cuốn sách quý. Nó sẽ rất giúp ích cho em ạ."
Thầy giáo ở trường đại học "Em cứ đọc từ từ nhé. Không cần phải vội đâu. "

		漢字	よみ	意味
1	敬 うやま-う ケイ	敬う うやま	to respect	kính trọng
		敬語 けい ご	honorific language	kính ngữ
		敬意 けい い	respect	sự kính trọng
12画	KÍNH		respect	
2	重 おもい かさ-なる かさ-ねる ジュウ チョウ	（〜が）重なる かさ	to overlap, to be piled up	trùng, khớp
		（〜を）重ねる かさ	to lay over, to pile up, to repeat	xếp, chồng, tích lũy
		重点 じゅうてん	important point	trọng điểm
		尊重（する）そんちょう	to respect	tôn trọng
		貴重（な）き ちょう	valuable	quý giá
9画	TRỌNG, TRÙNG		weight; layer	
3	参 まい-る サン	参る まい	to visit	đi
		参考 →9-3 さんこう	reference	tham khảo
		参加（する）→8-3 さん か	to participate	tham gia
		持参（する）じ さん	to bring	mang đến
8画	THAM, SÂM		visit; investigate	
4	構 かま-う コウ	構う かま	give regard to	đính dáng
		構成（する）こうせい	to configure	cấu trúc
		構造 こうぞう	structure	cấu tạo
		結構 けっこう	fine	khá, được
14画	CẤU		build; structure	

		漢字	よみ	意味
5	礼 レイ	お礼 れい	gratitude	sự cám ơn
		礼儀 れい ぎ	manners	lễ nghi
		礼儀正しい れい ぎ ただ	well-mannered	lễ phép
5画	LỄ		etiquette; thanks	
6	尊 （とうと-い）ソン	尊敬（する）そんけい	to respect	đáng kính
12画	TÔN		grand	
7	拝 おが-む ハイ	拝む おが	worship	lạy, vái
		拝見（する）はいけん	to see	xem
8画	BÁI		revere	
8	伺 うかが-う	伺う うかが	to visit [humble]	hỏi thăm
7画	TÍ, TỈ, TỨ		visit	
9	召 め-す	召し上がる め あ	to eat [polite]	ăn
5画	CHIÊU		invite	
10	承 うけたまわ-る ショウ	承る うけたまわ	to hear [humble]	nhận
		承知（する）→9-4 しょう ち	to be aware of	biết
8画	THỪA		receive	
11	王 オウ	王様 おうさま	king	vua
		王子 おう じ	prince	hoàng tử
		女王 じょおう	queen	nữ hoàng
		国王 こくおう	monarch	quốc vương
4画	VƯƠNG		king	
12	存 ソン ゾン	存じ上げる ぞん あ	to know [humble]	biết
		存在（する）そんざい	to exist	tồn tại
		保存（する）ほ ぞん	to save	bảo quản
6画	TỒN		existence	

ドリル A　正しい読みをえらんでください。　　　1点×5

① お客様のご意見、確かに<u>承り</u>ました。　　　a. うけたまり　　b. うけたまわり

② お寺の中で仏像を<u>拝んだ</u>。　　　a. おかんだ　　b. おがんだ

③ あの人は私にとって特別な<u>存在</u>でした。　　　a. そんざい　　b. ぞんざい

④ 先祖を<u>敬う</u>気持ちを持っている日本人は多いという。　　　a. うかがう　　b. うやまう

⑤ 田中課長は課のメンバーの意見を<u>尊重</u>してくれる。　　　a. そんじょう　　b. そんちょう

ドリル B　正しい漢字をえらんでください。　　　1点×5

① チケットを＿＿見しますので、よろしくお願いいたします。　　a. 承　　b. 伺　　c. 拝
（はい）

② この本はレポートを書くときに＿＿考になる。　　a. 産　　b. 賛　　c. 参
（さん）

③ この書類を10部コピーですね。＿＿知しました。　　a. 承　　b. 了　　c. 召
（しょう）

④ その仕事は、明日まででで＿＿いませんよ。　　a. 講　　b. 購　　c. 構
（かま）

⑤ この国では、王様は国民にとても＿＿敬されている。　　a. 尊　　b. 参　　c. 拝
（そん）

ドリル C　正しいほうをえらんで、全部ひらがなで＿＿に書いてください。　　　1点×10

［れい］ 天気がいいから、（ⓐ公園　b. 道路 ）に行きましょう。　　　こうえん

① 明日10時ごろ、そちらに（ a. 参ります　b. 召し上がります ）。　　　＿＿＿＿＿＿

② この本は5つの章で（ a. 構成　b. 構造 ）されている。　　　＿＿＿＿＿＿

③ 写真のデータはパソコンに（ a. 存在　b. 保存 ）してあります。　　　＿＿＿＿＿＿

④ セミナーには各自パソコンを（ a. 持参　b. 参加 ）してください。　　　＿＿＿＿＿＿

⑤ 今年の新入社員は（ a. 敬語　b. 礼儀 ）正しい人が多いね。　　　＿＿＿＿＿＿

6

体
からだ

Body／cơ thể

／20

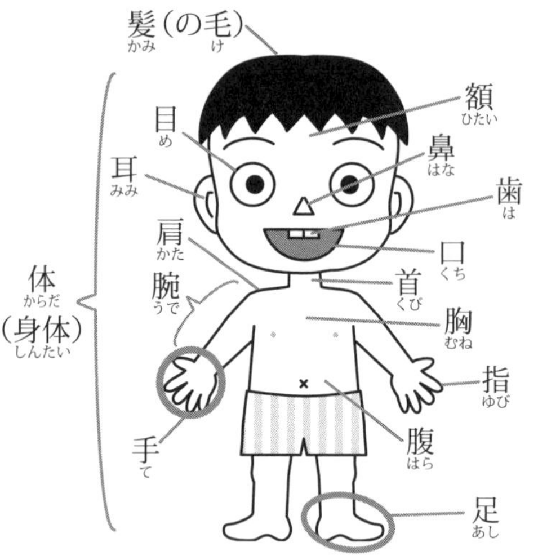

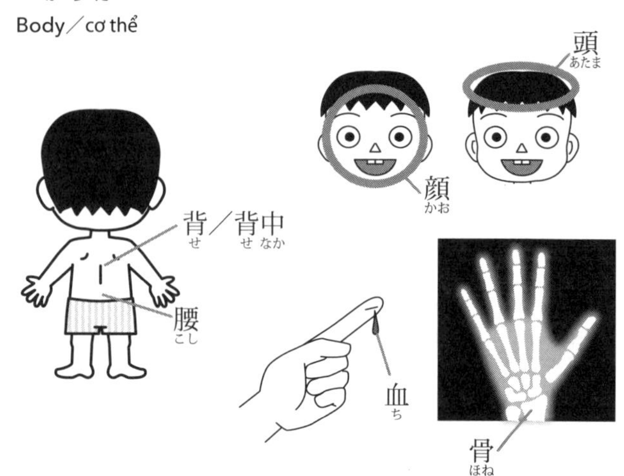

1	胸 むね	胸 むね	breast ngực	
10画	HUNG		chest, breast	
2	肩 かた	肩 かた	shoulder vai	
8画	KIÊN		shoulder	
3	背 せ（そむ-く）ハイ	背中 せなか	back lưng	
		背景 →2-3 はいけい	background bối cảnh	
9画	BỐI		back (of body)	
4	腹 はら フク	腹が立つ はら た	to get angry bực mình	
		腹痛 ふくつう	stomach ache đau bụng	
		空腹 くうふく	hunger đói bụng	
		お腹 ★ なか	stomach bụng	
13画	PHÚC, PHỤC		belly, stomach	
5	腰 こし	腰 こし	waist hông	
13画	YÊU		loin, waist	
6	腕 うで	腕 うで	arm cánh tay	
12画	OẢN		arm	
7	額 ひたい ガク	額 ひたい	forehead trán	
		金額 きんがく	amount of money giá tiền	
18画	NGẠCH		forehead	
8	膚 フ	皮膚 ひ ふ	skin da	
15画	PHU		skin	
9	頭 あたま（トウ）ズ	頭痛 →7-5 ずつう	headache đau đầu	
16画	ĐẦU		head	

10	髪 かみ ハツ	髪の毛 →1-2 かみ け	hair tóc	
		長髪 ちょうはつ	long hair tóc dài	
		白髪 ★ しらが／はくはつ	gray hair tóc bạc	
14画	PHÁT		hair	
11	手 て シュ	手続き（する）てつづ	to proceed thủ tục	
		手段 しゅだん	means cách thức, phương thức	
		拍手 はくしゅ	applause vỗ tay	
4画	THỦ		hand	
12	顔 かお	顔 かお	face mặt	
		笑顔 →3-3 えがお	smile nụ cười	
18画	NHAN		face	
13	首 くび シュ	手首 てくび	wrist cổ tay	
		首相 →7-1 しゅしょう	Prime Minister thủ tướng	
		首都 しゅと	capital thủ đô	
9画	THỦ		neck	
14	目 め モク	目指す め ざ	to aim for hướng tới, nhắm tới	
		目立つ め だ	to stand out nổi bật	
		目印 →3-4 め じるし	landmark đánh dấu	
		目的 もくてき	the purpose mục đích	
		注目（する）ちゅうもく	to focus on chú ý	
5画	MỤC		eye	

ドリル A　正しい読みをえらんでください。　　　　　　1点×5

❶ 記念に写真を撮ったが、背景があまりよくなかった。　　a. せけい　　b. はいけい

❷ 彼はプロの野球選手を目指してがんばっている。　　a. めざして　　b. めさして

❸ 演奏が終わると、大きな拍手が起こった。　　a. はくず　　b. はくしゅ

❹ 娘の額に手を当てると熱かった。熱があるようだ。　　a. がく　　b. ひたい

❺ 頭痛がひどいので、薬を飲んだ。　　a. ずつう　　b. どつう

ドリル B　正しい漢字をえらんでください。　　　　　　1点×5

❶ 夜中に突然、空＿＿を感じ、ラーメンを食べてしまった。　a. 腹　　b. 復　　c. 複

❷ これは皮＿＿のかゆみに効く薬だ。　　a. 胃　　b. 虎　　c. 膚

❸ 椅子にずっと座っていたら、＿＿が痛くなってしまった。　a. 腕　　b. 額　　c. 腰

❹ 病院で＿＿のレントゲン写真を撮った。　　a. 肩　　b. 胸　　c. 腕

❺ 彼は昔から長＿＿にしている。　　a. 発　　b. 髪　　c. 額

ドリル C　正しいほうをえらんで、全部ひらがなで＿＿に書いてください。　　1点×10

れい　天気がいいから、（a.公園　b.道路）に行きましょう。　　　　こうえん

❶ あの人は、目的のためなら（a.手段　b.手首）を選ばない人だ。　　______________

❷ アメリカの（a.首相　b.首都）はニューヨークではない。　　______________

❸ そちらに伺うのに、何か（a.目印　b.背中）になる建物はありますか。　______________

❹ 彼の失礼な言い方に（a.腹　b.頭）が立った。　　______________

❺ 写真のこの部分に（a.注目　b.手続き）してください。　　______________

まとめ問題 A

問題1 ＿＿＿の言葉の読み方として最もよいものを1・2・3・4から一つ選びなさい。

1 あの二人は、姉妹なんだって。

　　1　しみ　　　　　2　しめ　　　　　3　しまい　　　　4　しめい

2 私の家は、赤い屋根が目印です。

　　1　めじるし　　　2　めいん　　　　3　もくじ　　　　4　もくてき

3 いつも明るい人だから、悩みなんかないと思っていた。

　　1　のぞみ　　　　2　うらみ　　　　3　めぐみ　　　　4　なやみ

4 どんな恋愛小説を読んだことがありますか。

　　1　れんあい　　　2　れない　　　　3　こいあい　　　4　こあい

5 孫の話ばかりするお年寄りもいる。

　　1　こま　　　　　2　まこ　　　　　3　ごま　　　　　4　まご

6 飛行機でとなりに座った人と親しくなった。

　　1　おやしく　　　2　くわしく　　　3　したしく　　　4　ひとしく

7 息子が幼稚園に入った。

　　1　よちえん　　　2　ようちえん　　3　よじえん　　　4　ようじえん

問題2 ＿＿＿の言葉の書き方として最もよいものを1・2・3・4から一つ選びなさい。

1 留学するかしないか、今、まよっている。

　　1　迷って　　　　2　追って　　　　3　争って　　　　4　伺って

2 大勢の人の前で転んでしまって、とてもはずかしかった。

　　1　恥ずかしかった　　　　　　　　2　恥かしかった
　　3　欲ずかしかった　　　　　　　　4　欲かしかった

3 二人の幸せをいのって、乾杯！

　　1　折って　　　　2　祈って　　　　3　訴って　　　　4　近って

4 来週、首相が欧州を<u>ほうもん</u>することになっている。

  1　訪門　　　　　　2　報門　　　　　　3　訪問　　　　　　4　報問

5 娘は引っ越しをとても<u>いやがって</u>いる。

  1　痛がって　　　　2　眠がって　　　　3　嫌がって　　　　4　怖がって

6 息子は<u>しんちょう</u>が急にのびて、服が合わなくなった。

  1　身長　　　　　　2　伸長　　　　　　3　身張　　　　　　4　伸張

7 お寺でお<u>ぼう</u>さんの話を聞く機会があった。

  1　帽　　　　　　　2　防　　　　　　　3　坊　　　　　　　4　冒

問題3 （　　　　）に入れるのに最もよいものを1・2・3・4から一つ選びなさい。

1 18（　　　）になったら、車の運転免許を取るつもりだ。

  1　際　　　　　　　2　歳　　　　　　　3　年　　　　　　　4　財

2 展示会の案内（　　　）は、封筒に入れてあります。

  1　状　　　　　　　2　匹　　　　　　　3　言　　　　　　　4　枚

3 市役所は去年、駅前に移転しました。この建物は（　　　）市役所です。

  1　級　　　　　　　2　求　　　　　　　3　旧　　　　　　　4　休

問題4 （　　　　）に入れるのに最もよいものを1・2・3・4から一つ選びなさい。

1 子供のころから、母に「他人に（　　　　　）をかけてはいけない」と言われてきた。

  1　精神　　　　　　2　恋愛　　　　　　3　迷惑　　　　　　4　神経

2 ホームステイをしたことは（　　　　）経験です。一生忘れません。

  1　賢い　　　　　　2　幼い　　　　　　3　貴重な　　　　　4　典型的な

3 その新しいメガネ、とても（　　　　）いるよ。

  1　構って　　　　　2　怒って　　　　　3　笑って　　　　　4　似合って

まとめ問題 B

/30

問題 次の文を読んで、質問に答えなさい。

週末、赤ちゃんのいる友人宅を①訪問した。赤ちゃんは②機嫌が悪くなるとすぐに泣くので、友人がずっと③抱いていた。④久しぶりに会った友人は「⑤赤ん坊が寝ている間だけが平和な時間。⑥娘を⑦産んでから、ちょっと図書館に行きたくても周りに⑧迷惑になると思ってなかなか行けない。」と言っていた。子供の⑨笑顔はかわいいけれど、⑩育児は本当に大変そうだ。⑪子育てをするお母さんたちは、社会でもっと⑫尊重されてもいいかもしれない。

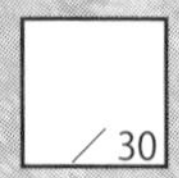

問1 ①〜⑫の漢字をひらがなにして、＿＿＿＿を全部ひらがなで書きなさい。　（2点×12＝24点）

①	②	③
④	⑤	⑥
⑦	⑧	⑨
⑩	⑪	⑫

問2 文の内容と合うものに〇、合わないものに×をつけなさい。　（3点×2＝6点）

a. （　　　　）筆者が会った赤ちゃんは女の子だ。

b. （　　　　）筆者の友人は、赤ちゃんを連れてよく図書館へ行く。

UNIT 4　仕事・組織
しごと・そしき

Work / Organizations

Công việc, tổ chức

雇用
（こ よう）

Employment／Tuyển dụng

/20

"Our company decided to newly hire people, didn't it?"
"I hope that we can hire talented people. It would be a good stimulus for everyone."

"Công ty mình lại tuyển nhân viên mới đấy. "
"Hy vọng tuyển được nhân viên mới tài giỏi nhỉ. Tạo thêm được ảnh hưởng tốt cho mọi người. "

1	雇 やと-う コ	雇う やと	to hire	Thuê người
		雇用（する）こよう	to employ	tuyển dụng
12画	CỐ	employ		
2	新 あたら-しい あら-た シン	新た（な）あら	new	mới
13画	TÂN	new		
3	優 やさ-しい すぐ-れる ユウ	優れる すぐ	superior	giỏi
		優秀（な）ゆうしゅう	excellent	ưu tú
		優先（する）ゆうせん	to prioritize	ưu tiên
		優勝（する）ゆうしょう	to win the victory	vô địch
		女優 じょゆう	actress	nữ diễn viên
17画	ƯU	excellent		
4	良 よ-い リョウ	良い よ	good	tốt
		良心 りょうしん	conscience	lương tâm
		不良品 ふりょうひん	inferior goods	hàng hỏng
7画	LƯƠNG	good		
5	採 と-る サイ	採用（する）さいよう	to adopt	tuyển dụng
		採点（する）さいてん	to mark	chấm điểm
11画	THẢI, THÁI	take		
6	刺 さ-す さ-さる シ	刺す さ	to pierce	đâm
		刺さる さ	to stick	chọc
		名刺 めいし	business card	danh thiếp
		刺激 しげき	stimulus	kích thích, ảnh hưởng
8画	THÍCH	stab		

7	与 あた-える ヨ	与える あた	give to	tạo ra, ban phát
		給与 →4-2 きゅうよ	pay	lương
3画	DU	give		
8	株 かぶ	株 かぶ	stock	cổ phiếu
		株式会社 →9-2 かぶしきがいしゃ	joint-stock company	công ty cổ phần
10画	CHÂU, CHU	stock		
9	績 セキ	成績 せいせき	grades	thành tích
		実績 じっせき	results	thành tích thực
17画	TÍCH	spin		
10	担 （かつ-ぐ）（にな-う）タン	担当（する）たんとう	to be in charge of	đảm nhiệm
		分担（する）ぶんたん	to share (the load)	phân công
		負担（する）ふたん	to take on a burden	chịu (to) take on a burden chịu
8画	ĐẢM	carry		
11	募 （つの-る）ボ	募集（する）ぼしゅう	to recruit	tuyển
		募金（する）ぼきん	to raise funds	quyên góp tiền
		応募（する）→2-3 おうぼ	to apply	ứng tuyển
12画	MỘ	seek		
12	賃 チン	賃金 ちんぎん	wage, pay	tiền thuê
		家賃 やちん	house rent	tiền nhà
13画	NHẪM	wage		

ドリル　A　正しい読みをえらんでください。　　1点×5

① この賞は優れた研究を行った大学院生に贈られます　　a. すごれた　　b. すぐれた

② ボタンを付けようとして、手に針を刺してしまった。　　a. たして　　b. さして

③ 店員の数が足りないので、アルバイトを雇いたい。　　a. やとい　　b. よとい

④ 今週、新たに3人の社員が入社するそうだ。　　a. あらたに　　b. あれたに

⑤ 動物にえさを与えすぎてはいけない。　　a. あたえ　　b. うえ

ドリル　B　正しい漢字をえらんでください。　　1点×5

① 面接では今までの仕事の実＿＿を聞かれた。　　a. 続　　b. 績　　c. 積

② 彼はA社の＿＿を売って、かなり儲けた。　　a. 珠　　b. 枝　　c. 株

③ 家事は夫婦で分＿＿するようにしている。　　a. 担　　b. 単　　c. 短

④ 給＿＿は毎月20日に支払われます。　　a. 余　　b. 了　　c. 与

⑤ アパートの家＿＿が値上がりしてしまった。　　a. 料　　b. 代　　c. 賃

ドリル　C　正しいほうをえらんで、全部ひらがなで＿＿に書いてください。　　1点×10

れい　天気がいいから、((a.)公園　b. 道路) に行きましょう。　　こうえん

① 社員の数が減り、一人一人の仕事の (a. 負担　b. 成績) が増えている。　＿＿＿＿＿＿＿

② 私の出した案が会議で (a. 採用　b. 雇用) されて、嬉しい。　＿＿＿＿＿＿＿

③ 社内で野球チームのメンバーを (a. 募集　b. 応募) しているらしい。　＿＿＿＿＿＿＿

④ この仕事は急ぐので、(a. 優先　b. 優勝) してやってくださいね。　＿＿＿＿＿＿＿

⑤ 買ったばかりなのにすぐこわれるなんて、(a. 名刺　b. 不良品) だね。　＿＿＿＿＿＿＿

2

転職
てんしょく

／20

Changing Jobs／Chuyển việc

転**職**の**条件**は、第一に、**収入**が上がることかな。
てんしょく　じょうけん　　だいいち　　しゅうにゅう　あ

でも、**給**料が高ければ、**責任**も仕事も増えて、
きゅうりょう　たか　　せきにん　しごと　ふ

残業が多くなったりしない？
ざんぎょう　おお

"I guess my first condition for changing jobs is whether my income increases."
"But with a higher salary, won't there be more responsibilities and work, as well as overtime?"

"Điều kiện chuyển việc đầu tiên phải là thu nhập tăng nhỉ. "
"Nhưng lương cao có nghĩa là trách nhiệm và công việc cũng nhiều lên. Rồi làm thêm giờ cũng nhiều hơn nữa nhỉ?"

1	職 ショク	職 しょく	employment	nghề
		職業 しょくぎょう	occupation	nghề nghiệp
		職場 しょくば	workplace	nơi làm việc
		転職（する）てんしょく	to change jobs	đổi việc
18画	CHỨC		job	
2	条 ジョウ	条件 じょうけん	conditions	điều kiện
7画	ĐIỀU		branch	
3	収 おさ-まる おさ-める シュウ	収める おさ	to obtain	nộp
		収入 しゅうにゅう	income	thu nhập
		吸収（する）→6-2 きゅうしゅう	to absorb	thẩm thấu, hút
		回収（する）→7-2 かいしゅう	to collect	thu hồi
4画	THU, THÂU		obtain	
4	給 キュウ	給料 きゅうりょう	salary	lương
		給与 →4-1 きゅうよ	salary	lương
		月給 げっきゅう	monthly pay	lương tháng
		時間給 じかん	hourly wage	lương theo giờ
		＊一般に「時給」とも言う。 いっぱん　じきゅう		
		支給（する）しきゅう	to supply	cung cấp
12画	CẤP		add	
5	責 せ-める セキ	責める せ	to blame	đổ lỗi
		責任 せきにん	responsibility	trách nhiệm
		無責任（な）むせきにん	irresponsible	vô trách nhiệm
11画	TRÁCH		attack; take on	

6	任 まか-せる まか-す ニン	任せる まか	to entrust	giao phó
		就任（する）しゅうにん	to assume office	nhận việc
6画	NHIỆM		duties	
7	就 シュウ	就職（する）しゅうしょく	to obtain employment	làm việc
12画	TỰU		hired	
8	残 のこ-る のこ-す ザン	残す のこ	to leave behind	còn lại
		残業（する）ざんぎょう	to work overtime	làm thêm
		残念（な）ざんねん	unfortunate disappointing	đáng tiếc
10画	TÀN		remainder	
9	志 （こころざ-す）（こころざし）シ	意志 いし	will	ý chí, ý muốn
		志望（する）→8-1 しぼう	to desire	có nguyện vọng
7画	CHÍ		goal	
10	系 ケイ	系統 →2-1 けいとう	system	hệ thống
		体系 たいけい	organization	hệ thống
		アジア系 けい	Asian	kiểu người kinh doanh mới
7画	HỆ		system	
11	卒 ソツ	卒業（する）そつぎょう	to graduate	tốt nghiệp
		大卒 だいそつ	college graduate	tốt nghiệp đại học
8画	TỐT		complete	
12	労 ロウ	労働（する）ろうどう	to labor	lao động
		苦労（する）→4-4 くろう	to suffer	vất vả.
7画	LAO		labor	

ドリル **A**　正しい読みをえらんでください。　　1点×5

❶ この仕事、私に任せていただけませんか？　　a. させて　　b. まかせて

❷ 引っ越しの荷物は全部、新しい部屋に収めた。　　a. おさめた　　b. ためた

❸ 我が社では、大卒社員の割合は約60％です。　　a. りつ　　b. そつ

❹ あなたを責めているわけではなく、理由を聞いているのです。　　a. せめて　　b. いさめて

❺ この職場では制服が支給されるそうだ。　　a. しごう　　b. しきゅう

ドリル **B**　正しい漢字をえらんでください。　　1点×5

❶ 会社を選ぶ＿＿件として、給料だけを重視すると失敗する。　　a. 条　　b. 定　　c. 常
じょう

❷ 彼女は日＿＿ブラジル人で、サンバの踊りがとても上手だ。　　a. 形　　b. 経　　c. 系
けい

❸ 明日、新首相が就＿＿することになる。　　a. 企　　b. 主　　c. 任
にん

❹ 仕事を途中でやめてしまうなんて、無＿＿任じゃない？　　a. 責　　b. 績　　c. 積
せき

❺ 残業代は＿＿与をもとに計算されます　　a. 旧　　b. 給　　c. 求
きゅう

ドリル **C**　正しいほうをえらんで、全部ひらがなで＿＿に書いてください。　　1点×10

れい　天気がいいから、（⒜公園　b. 道路）に行きましょう。　　こうえん

❶ 彼は独立しようという（a. 系統　b. 意志）が強い。　　＿＿＿＿＿＿＿

❷ 規定時間より長く働くことを（a. 残業　b. 労働）と言います。　　＿＿＿＿＿＿＿

❸ 会社を選ぶときは、（a. 職場　b. 職業）の雰囲気を見ることも大切です。　　＿＿＿＿＿＿＿

❹ 毎月の（a. 吸収　b. 収入）より支出のほうが多くなると、お金がたまらない。

＿＿＿＿＿＿＿

❺ もっと給料のいい仕事に（a. 転職　b. 卒業）したい。　　＿＿＿＿＿＿＿

3

論文
ろんぶん

Essay／Luận văn

うちの会社に、**営業**の仕事をしながら、**博士論文**を
書いている社員がいるんだよ。

偉いなあ。就職してからも研究する気持ちを**失**わない
なんて。

"At our company, there's an employee who has a job in sales while also writing her doctoral dissertation."
"That's amazing. She hasn't lost her feelings of wanting to research, even after finding a job."

" Ở công ty mình có người vừa làm công việc kinh doanh vừa viết luận văn tiến sĩ đấy."
"Giỏi quá. Đi làm rồi mà vẫn không đánh mất đam mê nghiên cứu. "

/20

1	博 ハク	博士 はかせ／はくし	doctor, phD	tiến sĩ
		博物館 はくぶつかん	museum	viện bảo tàng
12画	BÁC	broad		
2	士 シ	修士 しゅうし	master	thạc sĩ
		武士 →7-3 ぶし	samurai	võ sĩ
		富士山 →5-4 ふじさん	Mt. Fuji	núi Phú Sĩ
3画	SĨ	man; samurai		
3	営 (いとな-む) エイ	営業(する) えいぎょう	to operate	kinh doanh
		経営(する) →7-2 けいえい	to manage	điều hành, kinh doanh
12画	DOANH,DINH	operate		
4	論 ロン	論じる ろん	argue	luận bàn
		論文 ろんぶん	esssay, thesis	luận văn
		論争(する) →7-3 ろんそう	to contend	tranh luận
		議論(する) ぎろん	to argue	thảo luận
		結論 けつろん	conclusion	kết luận
		一般論 いっぱんろん	common belief	thông thường
15画	LUẬN	theory; criticize		
5	偉 えら-い イ	偉い えら	grand	giỏi
		偉大(な) いだい	great	vĩ đại
12画	VĨ	great		
6	失 うしな-う シツ	失う うしな	to lose	mất, đánh mất
		失礼(な)(する) しつれい	rude, to be excused	thất lễ
		失敗(する) →2-4 しっぱい	to fail	thất bại
5画	THẤT	loss		

7	許 ゆる-す キョ	許す ゆる	to forgive	cho phép
		許可(する) きょか	to permit	cho phép
		免許 めんきょ	permit, licence	bằng cấp
11画	HỨA	permission		
8	夢 ゆめ ム	夢 ゆめ	dream	giấc mơ
		夢中(な) むちゅう	absorbed	chăm chú, miệt mài
13画	MỘNG	dream		
9	姓 セイ	姓 せい	family name	họ
		旧姓 →3-4 きゅうせい	maiden name	họ cũ
8画	TÍNH	surname		
10	基 もと キ	基づく もと	to be based on	dựa trên
		基本 きほん	foundation	cơ bản
		基礎 きそ	baseline	cơ sở
		基地 きち	base	(khu) căn cứ
11画	CƠ	base		
11	準 ジュン	準備(する) →6-1 じゅんび	to prepare	chuẩn bị
		準優勝 じゅんゆうしょう	second place	vị trí thứ hai
		基準 きじゅん	standard	tiêu chuẩn
		水準 すいじゅん	level	chuẩn mực
13画	CHUẨN	semi-, conform		
12	能 ノウ	能力 →8-3 のうりょく	ability	năng lực
		可能性 かのうせい	possibility	khả năng
10画	NĂNG	ability		

<table>
<tr><td>ドリル A</td><td>正しい読みをえらんでください。</td><td>1点×5</td></tr>
</table>

❶ 病気になってもすべてを失ったわけではありません。　　a. なくなった　　b. うしなった

❷ あの人のしたことは絶対に許せません。　　a. けせ　　b. ゆるせ

❸ この論文は3つの調査に基づいて書かれた。　　a. きづいて　　b. もとづいて

❹ 川田社長は、全然偉そうな態度をとらない。　　a. えらそう　　b. いそう

❺ この問題は長年論じられてきたが、なかなか解決しない。　　a. ろんじ　　b. りんじ

<table>
<tr><td>ドリル B</td><td>正しい漢字をえらんでください。</td><td>1点×5</td></tr>
</table>

❶ 採用の基＿＿＿の一つとして、英語のテストが利用される。　　a. 順　　b. 準　　c. 純
（じゅん）

❷ 授業で環境問題について議＿＿＿した。　　a. 論　　b. 諭　　c. 倫
（ろん）

❸ ここにはあなたの＿＿＿と名、両方記入してください。　　a. 牲　　b. 氏　　c. 姓
（せい）

❹ これは＿＿＿本的な問題だから簡単だよ。　　a. 機　　b. 基　　c. 記
（き）

❺ 大学を卒業したら、修＿＿＿課程に進学したい。　　a. 氏　　b. 資　　c. 士
（し）

<table>
<tr><td>ドリル C</td><td>正しいほうをえらんで、全部ひらがなで＿＿＿に書いてください。</td><td>1点×10</td></tr>
</table>

れい　天気がいいから、（ⓐ 公園　b. 道路 ）に行きましょう。　　こうえん

❶ 合格の（ a. 可能性　b. 許可 ）は低かったが、受験したら受かった。　　＿＿＿＿＿＿＿

❷ このレストランは深夜2時まで（ a 営業　b. 経営 ）している。　　＿＿＿＿＿＿＿

❸ もう遅いので、そろそろ（ a. 失敗　b. 失礼 ）しますね。　　＿＿＿＿＿＿＿

❹ 彼女は、論文を書いて（ a. 博士　b. 武士 ）になった。　　＿＿＿＿＿＿＿

❺ 私の姉は、韓国のドラマに（ a. 偉大　b. 夢中 ）だ。　　＿＿＿＿＿＿＿

4

寄付
きふ

Donations ／ Quyên góp

貧困に苦しむ子供たちを一人でも救いたいなあ。
ひんこん　くる　　こども　　ひとり　　すく
どうすればいいんだろ。

国際的に認められている組織に協力したり、
こくさいてき　みと　　　　　　そしき　きょうりょく
寄付したりするのは、どう？
きふ

"I'd like to save a child suffering in poverty, even just one. What should I do?"
"Why not assist an internationally recognized organization or donate to them?"

"Tớ muốn giúp bọn trẻ con đang phải khổ sở vì nghèo đói. Mình phải làm gì bây giờ?"
"Cậu có thể hợp tác với tổ chức được quốc tế công nhận hay quyên góp chẳng hạn."

1	寄	よ-る / よ-せる / キ	寄る（よ）	to approach / ghé vào
			お年寄り（としよ）	elderly / người già
			寄付（きふ）(する)	to donate / quyên góp
11画	KÝ			give
2	付	つ-ける / つ-く / フ	付録（ふろく）	supplement / phụ lục
			付近（ふきん）	environs / phụ cận
5画	PHÓ			attach
3	貧	まず-しい / (ヒン) / ビン	貧しい（まず）	poor / nghèo
			貧乏（びんぼう）(な)	impoverished / nghèo
11画	BẦN			poverty
4	困	こま-る / コン	貧困（ひんこん）	poverty / nghèo khổ
7画	KHỐN			trouble
5	苦	くる-しい / くる-しむ / にが-い / ク	苦しむ（くる）	to suffer / khổ sở
			苦い（にが）	bitter / đắng
			苦情（くじょう）	complaint / phàn nàn
8画	KHỔ			pain
6	救	すく-う / キュウ	救う（すく）	to save / cứu
			救助（きゅうじょ）(する) →9-5	to rescue / cứu trợ
11画	CỨU			rescue
7	認	みと-める / ニン	認める（みと）	to admit, to recognize / chấp nhận, thừa nhận
			確認（かくにん）(する) →8-5	to confirm / xác nhận
			承認（しょうにん）(する) →3-5	to approve / chấp nhận
14画	NHẬN			admit

8	組	く-む / くみ / ソ	組む（く）	to combine / kết hợp
			組み立てる（くた）	to assemble / lắp ghép
			組み合わせ（くあ）	combination / kết hợp
			組合（くみあい）	association / nghiệp đoàn
			番組（ばんぐみ）	program / chương trình
			組織（そしき）	organization / tổ chức
11画	TỔ			organization
9	協	キョウ	協力（きょうりょく）(する) →8-3	to assist, to cooperate / hợp tác
8画	HIỆP			cooperate
10	難	むずか-しい / ナン	困難（こんなん）(な)	difficult / khó khăn
			避難（ひなん）(する) →6-1	to evacuate / lánh nạn
			盗難（とうなん） →6-4	theft / trộm
18画	NẠN, NAN			difficulty
11	福	フク	幸福（こうふく）	happiness / hạnh phúc
13画	PHÚC			fortune
12	将	ショウ	将来（しょうらい）	future / tương lai
10画	TƯỚNG, TƯƠNG			leader
13	願	ねが-う / ガン	願う（ねが）	to desire / cầu mong
			願書（がんしょ）	written application / đơn
			出願（しゅつがん）(する)	to apply for / nộp đơn
19画	NGUYỆN			desire

ドリル A 　正しい読みをえらんでください。　　　　　1点×5

① 国は貧しい暮らしをしている人を助けるべきだと思います。　　　a. まぶしい　　b. まずしい

② 環境悪化から地球を救うために、世界の国が集まって議論した。　a. くう　　　　b. すくう

③ 病気がよくなるように願っています。　　　　　　　　　　　　a. ねがって　　b. いのって

④ 組織で働く人はお互いに協力し合うことが大切だ。　　　　　　a. そしき　　　b. くみしき

⑤ この薬は、味は苦いがよく効く。　　　　　　　　　　　　　　a. くるしい　　b. にがい

ドリル B 　正しい漢字をえらんでください。　　　　　1点×5

① 申請した奨学金が承＿＿＿された。　　　　　　a. 認　　　b. 任　　　c. 忍
　　　　　　　　　　にん

② 卒業した大学に10万円＿＿＿付をした。　　　　a. 季　　　b. 奇　　　c. 寄
　　　　　　　　まんえん　ふ

③ この＿＿＿近にコンビニが3軒あります。　　　a. 負　　　b. 付　　　c. 附
　　　きん　　けん
　ふ

④ 幼いころは、＿＿＿乏な家庭で育った。　　　　a. 貪　　　b. 貧　　　c. 貸
　　　　　　　　ぼう　かてい　そだ
　　　　　びん

⑤ ＿＿＿来は、海外で就職したいです。　　　　　a. 承　　　b. 招　　　c. 将
　　　らい　かいがい　しゅうしょく
　しょう

ドリル C 　正しいほうをえらんで、全部ひらがなで＿＿＿に書いてください。　　1点×10

れい　天気がいいから、（ⓐ公園　b. 道路 ）に行きましょう。　　　　こうえん

① 国はその公害の責任は国にあることを（ a. 認めた　b. 出願した ）。　＿＿＿＿＿＿＿

② 夜、部屋でギターの練習をしていたら、隣の部屋から（ a. 確認　b. 苦情 ）が来た。

　　　　　　　　　　　　　　　　　　　　　　　　　　　　　　　＿＿＿＿＿＿＿

③ 人は、だれかの役に立ったときに（ a. 幸福　b. 貧困 ）を感じるようだ。　＿＿＿＿＿＿＿

④ この棚は自分で（ a. 寄ら　b. 組み立て ）なければならないので大変だ。　＿＿＿＿＿＿＿

⑤ 山でけがをした人をヘリコプターで（ a. 救助　b. 避難 ）した。　　　　＿＿＿＿＿＿＿

依頼
いらい

Requests／Nhờ vả

"A friend asked me to introduce him a job, but do you have any ideas?"
"Are irregular work hours okay? I could introduce him to a late night or early morning part-time job."

"Bạn em nhờ giới thiệu công việc cho, anh có việc gì không?"
"Công việc làm thời gian không ổn định coa được ko? Nếu là việc làm đêm hoặc sáng sớm thì anh có thế giới thiệu được."

1	依 イ	依頼(する) いらい	to request / nhờ vả
		(〜に)依存(する) →3-5 いぞん／いそん	to rely on / phụ thuộc vào 〜
8画	Ỷ		depend; as is
2	頼 たの-む たの-もしい たよ-る ライ	頼む たの	to ask / nhờ
		頼もしい たの	reliable / đáng trông cậy
		(〜に)頼る たよ	to rely / dựa vào 〜
		信頼(する) →7-4 しんらい	to believe, to rely on / tin tưởng
16画	LẠI		request
3	紹 ショウ	紹介(する) しょうかい	to introduce / giới thiệu
11画	THIỆU		succeed
4	介 カイ	介護(する) かいご	to care / chăm sóc (người già)
4画	GIỚI		help
5	勤 つと-める つと-まる キン	勤める つと	to work / làm việc
		会社勤め かいしゃづと	work for a company / làm việc công ty
		勤務(する) →9-5 きんむ	to work / làm việc
		出勤(する) しゅっきん	to go to work / đi làm
		通勤(する) つうきん	to travel to work / đi làm
12画	CẦN		work
6	規 キ	規則 きそく	regulation / quy định
		定規 じょうぎ	ruler / thước đo
11画	QUY,QUI		regulation
7	則 ソク	法則 ほうそく	law / quy luật
		規則的(な) きそくてき	regular / theo quy luật

9画	TẮC	不規則(な) ふきそく	irregular / không theo quy luật, không ổn định
			rule
8	深 ふか-い ふか-まる (ふか-める) シン	深い ふか	deep / sâu
		深まる ふか	to deepen / trở nên sâu
		深夜 しんや	late night / đêm khuya cf. sáng sớm
		cf. 早朝 そうちょう	
11画	THÂM		deep
9	義 ギ	義務 →9-5 ぎむ	obligation / nghĩa vụ
		講義 →9-5 こうぎ	lecture / bài giảng
13画	NGHĨA		justice
10	互 たが-い ゴ	お互い たが	one another / lẫn nhau
		相互 →7-1 そうご	mutual / tương tác, song phương
		交互 →6-3 こうご	alternate / đan xen
4画	HỖ		reciprocal
11	招 まね-く ショウ	招く まね	to invite / mời, gây ra
		招待(する) →2-5 しょうたい	to invite / mời
8画	CHIÊU		invite
12	浅 あさ-い	浅い あさ	shallow / nông
9画	THIỂN		shallow
13	替 か-える タイ	取り替える とか	to exchange / thay (mới)
		着替える きが	to change clothes / thay quần áo
		両替(する) りょうがえ	to exchange money / đối tiền
		交替(する) →6-3 こうたい	to replace / đối (ca)----
12画	THẾ		exchange, substitute

ドリル　A	正しい読みをえらんでください。		1点×5

❶ すぐに友達に頼るのはよくないよ。　　　　　　　a. たのる　　　b. たよる

❷ 今年から銀行に勤めはじめました。　　　　　　　a. つとめ　　　b. つよめ

❸ 夜は夫婦で交替して赤ん坊の面倒をみている。　　a. こうたい　　b. こうがえ

❹ 私たちはお互いに尊敬している。　　　　　　　　a. おたがいに　b. おだがいに

❺ 先生のお宅に招かれ、お土産を持っていった。　　a. ひらかれ　　b. まねかれ

ドリル　B	正しい漢字をえらんでください。		1点×5

❶ うちに帰ったらすぐに着＿＿えるようにしている。　　a. 代　　b. 替　　c. 返

❷ 今度、リンさんを＿＿介しますね。　　　　　　　　a. 紹　　b. 招　　c. 召

❸ 新しい仕事の＿＿頼を受けた。　　　　　　　　　　a. 委　　b. 衣　　c. 依

❹ 言語学の講＿＿は難しかった。　　　　　　　　　　a. 義　　b. 犠　　c. 議

❺ これから、お年寄りを＿＿護する人がますます必要になる。　a. 会　　b. 介　　c. 界

ドリル　C	正しいほうをえらんで、全部ひらがなで＿＿に書いてください。	1点×10

れい 天気がいいから、（ⓐ公園　b. 道路 ）に行きましょう。　　　　こうえん

❶ 眠りが（ a. 浅くて　b. 深くて ）何回も目が覚めてしまった。　　＿＿＿＿＿＿＿

❷ 友達のことを（ a. 信頼　b. 依存 ）していたのに裏切られて、ショックだ。　＿＿＿＿＿＿＿

❸ あの人は頭もよく、体力もあって、とても（ a. 頼む　b. 頼もしい ）。　＿＿＿＿＿＿＿

❹ 深夜まで仕事が終わらない日が続いて、生活が（ a. 法則　b. 不規則 ）になってしまった。

＿＿＿＿＿＿＿

❺ 会社（ a. 勤め　b. 義務 ）を始めてから、忙しくてなかなか旅行に行けない。　＿＿＿＿＿＿＿

まとめ問題 A

問題1 ＿＿＿＿の言葉の読み方として最もよいものを１・２・３・４から一つ選びなさい。

1 君にもう一度、チャンスを与えよう。

　　1　かまえよう　　　2　かなえよう　　　3　あたえよう　　　4　むかえよう

2 あそこに見えるのは、偉大な科学者の銅像だ。

　　1　えだい　　　　　2　いだい　　　　　3　えたい　　　　　4　いたい

3 そんなに責めないでください。彼は心から反省していますから。

　　1　しめ　　　　　　2　せめ　　　　　　3　さめ　　　　　　4　そめ

4 ただ今、担当の者と代わりますので、少々お待ちください。

　　1　だんとう　　　　2　でんとう　　　　3　たんとう　　　　4　てんとう

5 彼に頼めば、きっとやってくれるよ。

　　1　おがめ　　　　　2　のぞめ　　　　　3　たのめ　　　　　4　つかめ

6 うまくいかないのは、彼の考えが浅いからだと思う。

　　1　あまい　　　　　2　あさい　　　　　3　あらい　　　　　4　あつい

7 「僕に任せてください」なんて、かっこいいなあ。

　　1　まかせて　　　　2　あわせて　　　　3　かぶせて　　　　4　やらせて

問題2 ＿＿＿＿の言葉の書き方として最もよいものを１・２・３・４から一つ選びなさい。

1 二人できょうりょくして、いい家庭をつくります。

　　1　強力　　　　　　2　共力　　　　　　3　協力　　　　　　4　教力

2 私の第一しぼうは、この大学の経済学部です。

　　1　志望　　　　　　2　死亡　　　　　　3　脂肪　　　　　　4　子帽

3 川でおぼれている人をきゅうじょした。

　　1　急助　　　　　　2　救助　　　　　　3　急所　　　　　　4　救所

| 4 | ぜひ、帰りにうちに<u>よって</u>ください。 |

1　予って　　　　　2　余って　　　　　3　寄って　　　　　4　代って

| 5 | 彼は仕事が早いので、<u>たより</u>にしています。 |

1　頼り　　　　　　2　便り　　　　　　3　通り　　　　　　4　香り

| 6 | がんばろうという気持ちを<u>うしなって</u>はいけない。 |

1　矢なって　　　　2　矢って　　　　　3　失なって　　　　4　失って

| 7 | 集団で生活する以上、<u>きそく</u>を守らなければならない。 |

1　基式　　　　　　2　記式　　　　　　3　法則　　　　　　4　規則

問題3（　　　　）に入れるのに最もよいものを1・2・3・4から一つ選びなさい。

| 1 | あの大学には、アジア（　　　）の留学生が多いそうだ。 |

1　計　　　　　　　2　系　　　　　　　3　係　　　　　　　4　形

| 2 | 今のアルバイトは、時（　　　）千円だ。 |

1　級　　　　　　　2　給　　　　　　　3　株　　　　　　　4　収

| 3 | 日本文化（　　　）に興味があるなら、この本がおすすめだよ。 |

1　論　　　　　　　2　輪　　　　　　　3　倫　　　　　　　4　輸

問題4（　　　　）に入れるのに最もよいものを1・2・3・4から一つ選びなさい。

| 1 | あなたの幸せを心から（　　　　　　）います。 |

1　願って　　　　　2　雇って　　　　　3　泊めて　　　　　4　勤めて

| 2 | 勤務時間中だったが、上司の（　　　　　　）を得て外出した。 |

1　負担　　　　　　2　将来　　　　　　3　幸福　　　　　　4　許可

| 3 | 学生時代、親に逆らってばかりいて、本当に（　　　　　　）をかけた。 |

1　責任　　　　　　2　残念　　　　　　3　苦労　　　　　　4　刺激

まとめ問題 B

問題　次の文を読んで、質問に答えなさい。

　あなたの①労働が人々の②幸福につながっているかどうか、　考えたことがあるだろうか。社会には、　③収入や地位を求めてがんばっているものの、　期待されるような④実績が上げられず、精神的な⑤負担に⑥苦しむ人も多い。そんな一人だった私の友人は、思い切って会社を辞め、今は外国でNGOに⑦勤めている。「国の⑧将来のために、いろいろな人と協力しながら国の⑨基礎をつくっていく仕事には、大きな⑩可能性と⑪夢がある」と言う彼は、以前より⑫頼もしく見える。

問1　①〜⑫の漢字をひらがなにして、______を全部ひらがなで書きなさい。　（2点×12=24点）

①	②	③
④	⑤	⑥
⑦	⑧	⑨
⑩	⑪	⑫

問2　文の内容と合うものに〇、合わないものに×をつけなさい。　（3点×2=6点）

a.（　　　　）この文章では、労働と収入の関係について述べている。

b.（　　　　）筆者の友人は、前の会社から今の職場に移ってよかったと考えている。

UNIT 5

自然・環境
しぜん・かんきょう

Nature / Environment

Tự nhiên, môi trường

地理
ちり

Geography／Địa lí

／20

湾の東側の**海岸**は**複**雑な地形になっていて、
わん　ひがしがわ　かいがん　ふくざつ　ちけい
観光名所になっています。また、この**湾**周辺
かんこうめいしょ　　　　　　　　　　　わんしゅうへん
が火**山**の多い地**域**でもあり、古くから温**泉**地
か ざん おお ちいき　　　　　ふる　　おんせんち
として知られています。
し

<Tour Guide>
The east side of the bay has complex terrain, and it has become a famous tourist spot. The area around this bay is also an area with many volcanoes, and it has been known since old times as an area with many hot springs.

(Hướng dẫn viên du lịch)
Bờ biển phía đông của vịnh với hình phức tạp đã trở thành khu vực du lịch nổi tiếng. Ngoài ra xung quanh vịnh là khu vực có nhiều núi lửa, từ lâu đã được biết đến là vùng đất của suối nước nóng.

1	湾 ワン	東京湾 とうきょうわん	Tokyo Bay vịnh Tokyo	
12画 LOAN		bay		
2	海 うみ／カイ	海外 かいがい	overseas hải ngoại, nước ngoài	
		海洋 かいよう	seas hải dương	
		海水浴 →2-3 かいすいよく	sea bathing tắm biển	
9画 HẢI		sea		
3	岸 きし／ガン	岸 きし	shore bờ	
		海岸 かいがん	coast bờ biển	
8画 NGẠN		shore		
4	複 フク	複雑（な） ふくざつ	complicated phức tạp	
		複数 →8-5 ふくすう	multiple một vài	
14画 PHỨ		multiple		
5	観 カン	観光（する） かんこう	tourism, to go sightseeing du lịch	
		観光客 かんこうきゃく	tourist khách du lịch	
		観客 かんきゃく	visitor, audience người xem	
		観察（する）→9-3 かんさつ	to observe quan sát	
		観測（する）→8-2 かんそく	to survey quan trắc, đo	
18画 QUAN		appearance		
6	山 やま／サン	火山 かざん	volcano núi lửa	
		登山（する） とざん	to climb a mountain leo núi	
		山林 さんりん	forest on a mountain rừng	
3画 SƠN, SAN		mountain		

7	域 イキ	地域 ちいき	area vùng	
		区域 くいき	domain khu vực	
		流域 りゅういき	basin lưu vực	
11画 VỰC		limits		
8	泉 いずみ／セン	泉 いずみ	spring suối	
		温泉 おんせん	hot spring suối nước nóng	
9画 TUYỀN		spring		
9	欧 オウ	欧米 おうべい	the West Âu Mỹ	
		欧州 おうしゅう	Europe Châu Mỹ	
8画 ÂU		Europe		
10	谷 たに	谷 たに	valley thung lũng	
7画 CỐC		valley		
11	州 シュウ	州 しゅう	state bang	
		九州 きゅうしゅう	Kyushu Đảo Kyushu	
		本州 ほんしゅう	Honshu Đảo Honshu	
		オハイオ州 しゅう	the state of Ohio bang Ohio	
6画 CHÂU		state		
12	陸 リク	陸 りく	land lục địa	
		着陸（する） ちゃくりく	to make landfall hạ cánh	
		アフリカ大陸 たいりく	the continent of Africa lục địac Châu Phi	
11画 LỤC		land		

ドリル **A**	正しい読みをえらんでください。		1点×5

❶ この地図の茶色の部分が陸です。　　　　　　　　a. ろく　　　b. りく

❷ 泉とは水が湧いて出ているところです。　　　　a. いずみ　　b. いみず

❸ 船が岸に着いた。　　　　　　　　　　　　　　a. ぎし　　　b. きし

❹ 東京湾にはさまざまな種類の魚がいるそうだ。　a. がん　　　b. わん

❺ 山と山の間の低いところを谷と言います。　　　a. たに　　　b. こく

ドリル **B**	正しい漢字をえらんでください。			1点×5

❶ このカメラは操作が＿＿雑で、お年寄りには使いにくい。　a. 福　　b. 復　　c. 複

❷ 海＿＿に沿った道をドライブするのは気持ちいい。　　　a. 岩　　b. 岸　　c. 嵐

❸ ＿＿米では、家族と一緒に長い休暇をとることが多い。　a. 洋　　b. 王　　c. 欧

❹ この試合、＿＿客がずいぶん少ないねえ。　　　　　　a. 看　　b. 観　　c. 視

❺ アメリカは50の＿＿からなる。　　　　　　　　　　a. 集　　b. 州　　c. 宗

ドリル **C**	正しいほうをえらんで、全部ひらがなで＿＿＿に書いてください。	1点×10

れい　天気がいいから、（ⓐ.公園　b. 道路 ）に行きましょう。　　　こうえん

❶ ここは工場が多く立ち並ぶ（ a. 海外　b. 地域 ）です。　　＿＿＿＿＿＿＿＿

❷ アンケートの答えは（ a. 複数　b. 区域 ）選択することもできます。　＿＿＿＿＿＿＿＿

❸ 夏はよく家族で（ a. 海水浴　b. 海洋 ）に行ったものだ。　＿＿＿＿＿＿＿＿

❹ 間もなく（ a. 登山　b. 着陸 ）いたします。シートベルトをお締めください。　＿＿＿＿＿＿＿＿

❺ ここは空気がきれいだから、夜は星空（ a. 観光　b. 観察 ）ができるね。　＿＿＿＿＿＿＿＿

2

資源
しげん

Resources／Tài nguyên

〈講義〉 この**資**料を見てください。**海底**トンネルを
掘ることで、周**囲**の自然や漁**業**がどのよう
な**影響**を受けるか、よくわかります。

〈Lecture〉 Please look at these materials. You will get a good understanding of what kind of effects digging an seabed tunnel has on the surrounding nature and fishing industry.

(Bài giảng) Các em hãy xem tài liệu này. Chúng ta có thể thấy rõ thiên nhiên và ngư nghiệp thay đổi như thế nào khi đào đường hầm dưới lòng biển.

		資料 しりょう	materials / tài liệu
		資源 しげん	resources / tài nguyên
1	資 シ	資本 しほん	capital / tư bản
		資格 しかく	qualification / tư cách, chứng chỉ
		資金 しきん	funds / vốn đầu tư
13画	TƯ	means	
2	底 そこ テイ	底 そこ	bottom / đáy
		海底 →5-1 かいてい	seabed / đáy biển
8画	ĐỂ	bottom	
3	掘 ほ-る (クツ)	掘る ほ	to dig / đào
11画	QUẬT	dig	
		囲む かこ	surround / rào, bao quanh
4	囲 かこ-む イ	周囲 →2-2 しゅうい	surroundings / xung quanh
		雰囲気 ふんいき	mood / không khí
6画	VI	surround	
		漁師 →9-5 りょうし	fisher / ngư dân
5	漁 ギョ リョウ	漁業 ぎょぎょう	fishing industry / ngư nghiệp
		漁船 ぎょせん	fishing ship / tàu cá
14画	NGƯ	fishing	
6	影 かげ エイ	影響(する) えいきょう	to affect / ảnh hưởng
		撮影(する) さつえい	to take a photo / video / chụp ảnh
15画	ẢNH	shadow	

7	埋 (マイ) う-まる う-める	(〜が)埋まる う	to buried / đầy, lấp đầy ~
		(〜を)埋める う	to bury / lấp ~
10画	MAI	bury	
		鉱物 こうぶつ	mineral / khoáng sản
8	鉱 コウ	鉱山 →5-1 こうざん	mine / núi có khoáng sản
		炭鉱 →6-2 たんこう	coal mine / mỏ than
13画	KHOÁNG	mineral	
9	爆 バク	爆発(する) ばくはつ	to explode / nổ
19画	BỘC	explode, burst	
10	貯 チョ	貯金(する) ちょきん	to save (money) / tiết kiệm tiền
		貯蔵(する) ちょぞう	to store / tích tụ
12画	TRỮ	store	
11	硬 かた-い コウ	硬い かた	hard / cứng
		硬貨 →6-4 こうか	coin / tiền xu
12画	NGẠNH	hard	
12	軟 やわ-らかい ナン	軟らかい やわ	soft / mềm
		柔軟(な) →2-4 じゅうなん	flexible / mềm mỏng
11画	NHUYỄN	soft	
13	抜 ぬ-く ぬ-ける	(〜を)抜く ぬ	to pull out / nhổ ~
		(〜が)抜ける ぬ	to fall out / thiếu ~, rụng ~
7画	BẠT	extract, pull out	
14	貿 ボウ	貿易(する) ぼうえき	to trade / giao dịch thương mại
12画	MẬU	trade	

ドリル A　正しい読みをえらんでください。

1点×5

① 当てはまる答えをマルで囲んでください。　　a. かごんで　　b. かこんで

② 飼っていた金魚が死んでしまったので庭に埋めた。　　a. しずめた　　b. うめた

③ 1歳ぐらいの子供には食べ物を軟らかくしてあげてください。　　a. やらかく　　b. やわらかく

④ 土を100m以上掘ると、温泉が出てくることがあるそうだ。　　a. ほる　　b. もる

⑤ 鍋の底が黒くこげてしまった。　　a. そこ　　b. てい

ドリル B　正しい漢字をえらんでください。

1点×5

① 昨日、工場でガスが＿＿発する事故があった　　a. 爆　　b. 暴　　c. 棒
　　　　　　　　　　　　　ばく

② これは釘を＿＿く道具です。　　a. 技　　b. 掘　　c. 抜
　　　　　ぬ

③ 長崎県は＿＿業が盛んです。　　a. 海　　b. 魚　　c. 漁
　　　　　ぎょ

④ この辺りの＿＿山では昔、銅をとっていたそうです。　　a. 工　　b. 硬　　c. 鉱
　　　　　　こう

⑤ この島の近くで海＿＿の調査が行われている。　　a. 低　　b. 底　　c. 抵
　　　　　　　　てい

ドリル C　正しいほうをえらんで、全部ひらがなで＿＿に書いてください。

1点×10

れい　天気がいいから、(ⓐ公園　b. 道路) に行きましょう。　　こうえん

① この部屋は、ワインを (a. 貯蔵する　b. 埋める) のにちょうどよかった。　＿＿＿＿＿＿

② この映画は山田監督の作品の (a. 撮影　b. 影響) を受けている。　＿＿＿＿＿＿

③ 海にはたくさんの鉱物 (a. 資源　b. 資本) が存在する。　＿＿＿＿＿＿

④ 天気が良かったので、湖の (a. 周囲　b. 雰囲気) を自転車で走ることにした。　＿＿＿＿＿＿

⑤ 今までのやり方は忘れて、もっと (a. 硬く　b. 柔軟に) 考えたらどうかな。　＿＿＿＿＿＿

3

環境
かんきょう

The Environment／Môi trường

美しい**自然**は、このまま次の世代に**伝**えたいね。
うつく　　しぜん　　　　　　　　　つぎ　せ だい　つた
環境汚染はストップさせなきゃ。
かんきょうお せん

そうだね。資源の消**費**を**適**切に**管**理しないと。
　　　　　し げん しょう ひ　てきせつ　かん り
私も毎日の節電を心がけるようにする。
わたし　まいにち　せつでん　こころ

"I'd like to be able to hand down the beauty of nature to the next generation as it is now. We need to stop environmental pollution."
"You're right. We need to appropriately manage our consumption of resources. I'll work to conserve electricity each day myself."

"Mình muốn thế hệ sau này vẫn còn được thấy thiên nhiên tươi đẹp này. Phải ngăn chặn ngay ô nhiễm môi trường nhỉ."
"Ừ. Phải quản lí đúng đắn việc sử dụng tài nguyên. Tớ sẽ chú ý tiết kiệm điện hàng ngày."

1	環 カン	環境 →7-3 かんきょう	environment môi trường	
15画 HOÀN		ring		
2	守 まも-る（シュ）	守る まも	to protect bảo vệ	
		留守★ るす	away from home vắng nhà	
6画 THỦ		protect		
3	然 ゼン ネン	自然 →1-1 し ぜん	nature tự nhiên	
		偶然 →8-3 ぐうぜん	coincidence ngẫu nhiên	
		天然 てんねん	native thiên nhiên	
12画 NHIÊN		state		
4	伝 つた-わる つた-える デン	（〜が）伝わる つた	to be transmitted ~ lan tỏa	
		（〜を）伝える つた	to transmit truyền đạt ~	
		手伝う★ て つだ	to help giúp đỡ	
		伝言（する）→3-3 でんごん	to leave a message lời nhắn	
		伝統 →2-1 でんとう	tradition truyền thống	
		伝染（する） でんせん	to spread disease truyền nhiễm	
		宣伝（する） せんでん	to advertise tuyên truyền	
6画 TRUYỀN		convey		
5	汚 （けが-らわしい） よご-す よご-れる きたな-い オ	汚す よご	to make dirty làm bẩn	
		汚い きたな	dirty bẩn	
		汚染（する） お せん	to pollute ô nhiễm	
6画 Ô		filth		

6	費 （つい-やす）ヒ	費用 ひ よう	expenses chi phí	
		消費（する） しょう ひ	to consume tiêu dùng	
		交通費 こうつう ひ	transportation expenses phí đi lại	
12画 PHÍ		expense		
7	適 テキ	（〜に）適する てき	to be fit phù hợp	
		適切（な） てきせつ	appropriate đúng, chuẩn	
		快適（な） かいてき	pleasant thoải mái	
14画 THÍCH		appropriate		
8	管 くだ カン	管 くだ	tube ống	
		管理（する） かん り	to manage quản lí	
		保管（する） ほ かん	to store bảo quản	
		水道管 すいどうかん	water pipe đường ống nước	
14画 QUẢN		tube		
9	永 エイ	永久 →3-4 えいきゅう	eternity vĩnh cửu	
		永遠に えいえん	forever vĩnh viễn	
5画 VĨNH		eternity		
10	態 タイ	態度 →2-1 たい ど	attitude thái độ	
		事態 じたい	situation tình hình, tình trạng	
14画 THÁI		state		
11	群 む-れる む-れ（グン）	（動物の）群れ どうぶつ む	crowd; group nhóm, đám, đàn	
13画 QUẦN		group		
12	羽 はね は	羽 はね	wing cánh	
		羽根 は ね	feathers lông (chim)	
6画 VŨ		feather, wing		

ドリル A　正しい読みをえらんでください。　　　1点×5

❶ インターネットによる効果的な宣伝方法を考えたい。　　a. せんてん　　b. せんでん

❷ 鳥が群れを作って木にとまっている。　　a. まれ　　b. むれ

❸ これは鳥の羽を細かく描いた絵です。　　a. う　　b. はね

❹ 私の言いたいことがうまく相手に伝わらなかったようだ。　　a. つたわら　　b. つだわら

❺ 各家庭から出る水が環境を汚染している。　　a. おせん　　b. よせん

ドリル B　正しい漢字をえらんでください。　　　1点×5

❶ 部屋の快＿＿な温度は、冬は 20 度くらいだそうだ。　　a. 適　　b. 敵　　c. 滴

❷ 資料を保＿＿するための棚が必要だ。　　a. 管　　b. 官　　c. 菅

❸ そんな＿＿度では、皆に嫌われるよ。　　a. 熊　　b. 能　　c. 態

❹ 交通＿＿は全額、会社から支払われる。　　a. 貸　　b. 費　　c. 貨

❺ やっぱり魚は天＿＿のほうがおいしいと思う。　　a. 念　　b. 燃　　c. 然

ドリル C　正しいほうをえらんで、全部ひらがなで＿＿に書いてください。　　　1点×10

れい 天気がいいから、（ⓐ.公園　b. 道路 ）に行きましょう。　　　こうえん

❶ （ a. 偶然　b. 自然 ）環境を守るために何ができるだろうか。　　　＿＿＿＿＿＿＿

❷ 山田は会議中ですが、（ a. お留守　b. ご伝言 ）を 承 ります。　　　＿＿＿＿＿＿＿

❸ この美しい景色が（ a. 永遠に　b. 伝統に ）続くといいな。　　　＿＿＿＿＿＿＿

❹ その書類、大切なので（ a. 汚さ　b. 汚染し ）ないようにしてください。　　　＿＿＿＿＿＿＿

❺ このまま石油を（ a. 消費　b. 費用 ）し続ければ、いずれなくなってしまう。

＿＿＿＿＿＿＿

/ 20

農業
のうぎょう

Agriculture／Nông nghiệp

この川の周**辺**は**農**業が**盛**んなんだね。
（かわ・しゅうへん・のうぎょう・さか）
水田や**畑**がずうっと広がってる。
（すいでん・はたけ・ひろ）

うん、水が**豊富**だからね。自然に**恵**まれ
（みず・ほうふ・しぜん・めぐ）
てるね。

"Agriculture around this lake is very abundant, isn't it? The rice paddies and fields stretch on forever."
"Yes, because there is abundant water. The area is blessed by nature."

"Quanh con sông này nông nghiệp khá phát triển nhỉ. Ruộng đồng trải mênh mông."
"Ừ, nguồn nước rất phong phú mà. Ở đây rất được thiên nhiên ưu đãi."

1	農 ノウ		農業 のうぎょう	agriculture / nông nghiệp
			農産物 →3-2 のうさんぶつ	agricultural products / nông sản
			農家 のうか	farmer / nhà nông
	13画 NÔNG	agriculture		
2	辺 あた-り／ヘン		辺り あた	surroundings / xung quanh
			辺 へん	around ~ / vùng, khu vực
			周辺 →2-2 しゅうへん	surroundings / khu xung quanh
	5画 BIÊN	area		
3	盛 も-る／さか-ん／(セイ)／(ジョウ)		大盛り おお も	large portion / đầy ắp
			盛ん(な) さか	active / phát triển
	11画 THỊNH	great amount		
4	田 た／デン		田んぼ た	rice paddy / ruộng
			水田 すいでん	rice paddy / ruộng nước
	5画 ĐIỀN	rice paddy		
5	畑 はたけ／はた		畑 はたけ	field / cánh đồng
			田畑 た はた	rice and vegetable fields / ruộng đồng
	9画 (vườn)	field		
6	豊 ゆた-か／ホウ		豊か(な) ゆた	abundant / phong phú
	13画 PHONG	abundance		
7	富 (と-む)／フ		豊富(な) ほうふ	bountiful / phong phú
	12画 PHÚ	wealth		
8	恵 めぐ-む／めぐ-み／エ／(ケイ)		恵まれる めぐ	to be blessed / được ưu đãi, gặp may mắn
			知恵 →9-4 ち え	wisdom / trí tuệ
	10画 HUỆ	blessing		
9	竹 たけ		竹 たけ	bamboo / tre
	6画 TRÚC	bamboo		
10	河 かわ／カ		河 かわ	river / sông
			運河 うん が	canal / kênh đào
	8画 HÀ	river		
11	咲 さ-く		咲く さ	to bloom / nở
	9画 TIẾU	bloom		
12	枯 か-れる／か-らす		枯れる か	to wither away / héo
			枯葉 →1-1 かれ は	autumn leaves / lá khô
	9画 KHÔ	withered		
13	耕 たがや-す／コウ		耕す たがや	to cultivate / canh tác
			耕地 こう ち	plowed land / đất canh tác
			耕作(する) →8-3 こうさく	to cultivate / canh tác
	10画 CANH	cultivate		
14	畜 チク		畜産 →3-2 ちくさん	stock breeding / gia súc
			家畜 か ちく	livestock / chăn nuôi
	13画 XÚC	raise		
15	候 コウ		候補 →7-1 こう ほ	candidate / ứng viên
			天候 てんこう	weather conditions / thời tiết
			気候 き こう	climate / khí hậu
	10画 HẬU	weather		

ドリル A　正しい読みをえらんでください。

1点×5

❶ 日本は水資源が<u>豊</u>かな国だ。　　　　　　　　a. ゆたか　　　b. よたか

❷ この<u>辺</u>りは静かな住宅地だ。　　　　　　　　a. へんり　　　b. あたり

❸ 私が通っていた高校はスポーツが<u>盛</u>んだった。　a. もりん　　　b. さかん

❹ これは畑を<u>耕</u>すための機械です。　　　　　　a. たがやす　　b. たがす

❺ 彼は、<u>恵</u>まれた家庭で育った。　　　　　　　a. はぐくまれた　b. めぐまれた

ドリル B　正しい漢字をえらんでください。

1点×5

❶ この土地の気___は、果物の栽培に合っている。　a. 耕　　b. 候　　c. 講

❷ 水___が広がる風景が美しい。　　　　　　　　a. 田　　b. 伝　　c. 天

❸ 運___とは、船の行き来のためにつくられた川のことである。　a. 川　　b. 河　　c. 可

❹ ___地の面積は年々減少している。　　　　　　a. 候　　b. 耕　　c. 向

❺ この高校では___産を学べる。　　　　　　　　a. 畜　　b. 竹　　c. 蓄

ドリル C　正しいほうをえらんで、全部ひらがなで___に書いてください。

1点×10

れい　天気がいいから、（ⓐ 公園　b. 道路 ）に行きましょう。　　　こうえん

❶ この海底に資源が（ a. 豊富に　b. 盛んに ）あることがわかった。　__________

❷ この花びんの花、もう（ a. 咲いて　b. 枯れて ）いるから、捨てたほうがいいよ。

____

❸ この夏は（ a. 農家　b. 家畜 ）でアルバイトをした。　__________

❹ 最近は（ a. 候補　b. 天候 ）が不安定だから、いつ雨が降るか、わからない。　__________

❺ この（ a. 辺　b. 竹 ）に、食事できるところはありませんか。　__________

5

台風
たいふう

Typhoons／Bão

/20

台風が接近してきたね。これからさらに勢力が
たいふう　せっきん　　　　　　　　　　　　せいりょく
増すって。被害が心配。
ま　　　　ひがい　しんぱい

突然の強風で物が飛んできたり、看板が倒れたり
とつぜん　きょうふう　もの　と　　　　　　かんばん　たお
するからね。怖いよ。
こわ

"The typhoon is approaching. They say it's only going to get stronger. I'm concerned about damage."
"Yes, because objects can fly at you suddenly because of the strong winds, and billboards can fall. It's scary."

"Bão đang tới gần rồi nhỉ. Từ giờ sức bão sẽ mạnh lên đấy. Không biết sẽ thiệt hại gì."
"Gió giật mạnh làm các thứ thổi bay lên, biển hiệu thì đổ. Tớ sợ lắm."

1	台 ダイ／タイ	台風 たいふう	typhoon bão	
		舞台 →2-1 ぶたい	stage sân khấu	
5画 ĐÀI			stand, rack	
2	風 かぜ／フウ／フ	風景 →2-3 ふうけい	scenery phong cảnh	
		強風 →6-4 きょうふう	strong winds gió mạnh	
		和風 →1-3 わふう	Japanese style kiểu Nhật	
		扇風機 →7-3 せんぷうき	fan quạt máy	
9画 PHONG			wind	
3	接 セツ	直接 ちょくせつ	direct trực tiếp	
		面接(する) →2-4 めんせつ	to interview phỏng vấn	
		接近(する) せっきん	to approach tiếp cận	
11画 TIẾP			connect	
4	勢 いきお-い／セイ	勢い いきお	force đà	
		勢力 →8-3 せいりょく	power sức mạnh	
		大勢 おおぜい	large group nhiều, nhiều người	
13画 THẾ			force	
5	被 ヒ	被害 ひがい	damage thiệt hại	
10画 BỊ			receive	
6	害 ガイ	公害 こうがい	pollution ô nhiễm	
		損害 →7-2 そんがい	harm; loss tổn hại	
10画 HẠI			damage	
7	突 つ-く／トツ	突く つ	to pierce đâm, chọc	
		突き当たり つ　あ	end of a street đường cụt	

		突然 →5-3 とつぜん	suddenly đột nhiên	
		衝突(する) しょうとつ	to collide đâm	
8画 ĐỘT			pierce	
8	看 カン	看板 →9-5 かんばん	billboard biển hiệu	
		看病(する) かんびょう	to tend to the sick khám bệnh	
		看護師 →9-5 かんごし	nurse y tá	
9画 KHÁN			scrutiny	
9	倒 たお-れる／たお-す／トウ	(〜が)倒れる たお	to fall down 〜 đổ	
		(〜を)倒す たお	to knock over, to defeat làm đổ 〜	
		面倒(な) →2-4 めんどう	bothersome phiền toái	
10画 ĐẢO			fell	
10	怖 こわ-い／フ	怖い こわ	scary sợ	
		恐怖 →6-1 きょうふ	fear nỗi sợ	
8画 BỐ			fear	
11	洪 コウ	洪水 こうずい	flood ngập lụt	
9画 HỒNG			flood	
12	報 ホウ	報告(する) ほうこく	to report báo cáo	
		警報 →6-3 けいほう	warning cảnh báo	
		情報 じょうほう	information thông tin	
12画 BÁO			answer; notice	
13	告 コク	広告 こうこく	advertisement quảng cáo	
		予告(する) よこく	to announce beforehand báo trước	
		警告(する) →6-3 けいこく	to warn cảnh cáo	
7画 CÁO			tell, announce	

| ドリル **A** | 正しい読みをえらんでください。 | | 1点×5 |

❶ いつか俳優になって、ミュージカルの<u>舞台</u>に立ちたい。　　a. ぶだい　　b. ぶたい

❷ 暑くなってきたから、そろそろ<u>扇風機</u>を出そう。　　a. せんふうき　　b. せんぷうき

❸ ホテルのシャワーは水の<u>勢い</u>が強すぎて、使いにくかった。　a. いきおい　　b. いきよい

❹ ビリヤードは、玉を棒で<u>突く</u>ゲームです。　　a. つつく　　b. つく

❺ 台風のため、<u>大勢</u>の住民が避難することになった。　　a. おおせい　　b. おおぜい

| ドリル **B** | 正しい漢字をえらんでください。 | | 1点×5 |

❶ ＿＿然、彼女が泣き出して困ってしまった。　　a. 窓　　b. 究　　c. 突
　とつ

❷ 政府に反対する＿＿力が強くなってきた。　　a. 政　　b. 執　　c. 勢
　　　　　　　　　　せい

❸ この地方では地震の＿＿害が大きかった。　　a. 彼　　b. 被　　c. 披
　　　　　　　　　ひ

❹ ＿＿い話を聞いて、夜眠れなくなった。　　a. 怖　　b. 怒　　c. 憎
　こわ

❺ 病気の間、母がずっと＿＿病してくれた。　　a. 介　　b. 観　　c. 看
　　　　　　　　　　　かん

| ドリル **C** | 正しいほうをえらんで、全部ひらがなで＿＿に書いてください。 | | 1点×10 |

れい　天気がいいから、（ⓐ.公園　b. 道路 ）に行きましょう。　　　こうえん

❶ 台風で大きな木が何本も（ a. 倒して　b. 倒れて ）しまった。　　＿＿＿＿＿＿＿

❷ 経済が急激に発展すると、（ a. 公害　b. 警告 ）が起きることがある。　＿＿＿＿＿＿＿

❸ 各自の仕事の状況を課長に（ a. 報告　b. 広告 ）してください。　　＿＿＿＿＿＿＿

❹ 大雨が続いて、（ a. 和風　b. 洪水 ）になるかもしれないと恐怖を感じた。＿＿＿＿＿＿＿

❺ 前の車に（ a. 接近　b. 面接 ）しすぎて、衝突しそうになった。　　＿＿＿＿＿＿＿

まとめ問題 A

問題1 ＿＿＿＿の言葉の読み方として最もよいものを 1・2・3・4 から一つ選びなさい。

1 日本は海に囲まれた国だ。

　　1　かこまれた　　　　2　つつまれた　　　　3　たたまれた　　　　4　めぐまれた

2 今は、登山に最も適した季節です。

　　1　とさん　　　　　　2　とざん　　　　　　3　とうさん　　　　　4　とうざん

3 このコースでは、経験の豊富な先生方の指導が受けられます。

　　1　ほうふ　　　　　　2　ほうふう　　　　　3　ほどう　　　　　　4　ほうどう

4 家を買うには、まだ貯金が足りない。

　　1　ちょうきん　　　　2　ちょうぎん　　　　3　ちょきん　　　　　4　ちょぎん

5 集合場所を田中さんに伝えてくれる？

　　1　つたえて　　　　　2　つだえて　　　　　3　あたえて　　　　　4　あだえて

6 プールの底に、かわいい絵が描いてある。

　　1　てい　　　　　　　2　ゆか　　　　　　　3　かべ　　　　　　　4　そこ

7 勢いよくドアを開けたら、ドアが何かにぶつかった。

　　1　いせい　　　　　　2　せいい　　　　　　3　きおい　　　　　　4　いきおい

問題2 ＿＿＿＿の言葉の書き方として最もよいものを 1・2・3・4 から一つ選びなさい。

1 資料に、間違いがふくすう見つかった。

　　1　副数　　　　　　　2　複数　　　　　　　3　服数　　　　　　　4　福数

2 事故以来、このくいきは立ち入り禁止です。

　　1　句域　　　　　　　2　旧域　　　　　　　3　空域　　　　　　　4　区域

3 私は看護師のしかくを持っている。

　　1　視覚　　　　　　　2　自覚　　　　　　　3　資格　　　　　　　4　死角

4 よごれた服は、すぐ洗濯しなくちゃ。

　　1　汚れた　　　　　　2　汚ごれた　　　　　　3　汗れた　　　　　4　汗ごれた

5 虫歯になった歯がぬけてしまった。

　　1　抜けて　　　　　　2　負けて　　　　　　3　欠けて　　　　　4　引けて

6 この服は今の気候にてきしている。

　　1　適して　　　　　　2　敵して　　　　　　3　摘して　　　　　4　滴して

7 夜、一人でこわい映画を見るのは嫌だ。

　　1　鈍い　　　　　　　2　怖い　　　　　　　3　快い　　　　　　4　遅い

問題3 （　　　　）に入れるのに最もよいものを1・2・3・4から一つ選びなさい。

1 家を建てるなら、欧米（　　　）の住宅がいいなあ。

　　1　辺　　　　　　　　2　空　　　　　　　　3　伝　　　　　　　4　風

2 実習（　　　）は千円です。明日、集金します。

　　1　費　　　　　　　　2　非　　　　　　　　3　日　　　　　　　4　否

3 アメリカ大（　　　）には、スペリオル湖という大きな湖がある。

　　1　陸　　　　　　　　2　海　　　　　　　　3　州　　　　　　　4　畑

問題4 （　　　　）に入れるのに最もよいものを1・2・3・4から一つ選びなさい。

1 私は、漁業が（　　　　）港町で育った。

　　1　複雑な　　　　　　2　柔軟な　　　　　　3　適切な　　　　　4　盛んな

2 インターネットを利用した（　　　　）は効果的だが、問題点もある。

　　1　天候　　　　　　　2　着陸　　　　　　　3　損害　　　　　　4　広告

3 美しい自然を（　　　　）ために、できるだけのことをしよう。

　　1　手伝う　　　　　　2　守る　　　　　　　3　咲く　　　　　　4　突く

まとめ問題 B

/30

問題 次の文を読んで、質問に答えなさい。

日本の①豊かな②自然は、昔から人々の心をひきつけてきたが、今では③海外から④観光客を呼ぶ⑤資源にもなっている。川の急な流れは、日本的な景色の一つと言っていいだろう。川には⑥群れをつくって泳ぐ魚がいて、近くの山や⑦谷には季節の花が⑧咲いている……そんな風景があちこちで見られる。また、雪がとけて流れる水はとても冷たく、その水によって冷やされた空気が⑨火山の⑩爆発でできた空間にたまって、⑪天然の冷蔵庫となっている場合もある。自然には、都会の⑫快適さとは異なるすばらしさがある。

問1 ①〜⑫の漢字をひらがなにして、＿＿＿を全部ひらがなで書きなさい。　（2点×12＝24点）

①	②	③
④	⑤	⑥
⑦	⑧	⑨
⑩	⑪	⑫

問2 文の内容と合うものに〇、合わないものに×をつけなさい。　（3点×2＝6点）

a.（　　　　）筆者は、日本人だけでなく外国人も日本の自然が好きだと考えている。

b.（　　　　）この文章に出てくる「冷蔵庫」は、雪が凍ってできたものだ。

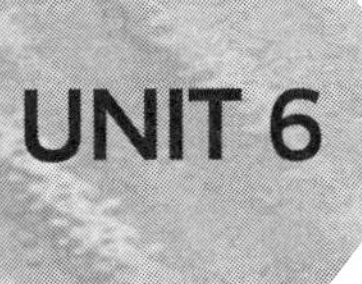

UNIT 6　地域生活
ちいきせいかつ

Regional Life

Cuộc sống theo khu vực

防災訓練
ぼうさいくんれん

Emergency Drills／Luyện tập phòng thiên tai

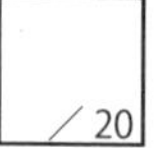

／20

大きな自然**災**害の**恐**れがあるとき、市が住民に**避**難を
呼びかけることがあります。また、いつ火事や地震が
起きるかわかりません。そういった場合に**備**えて、
防災訓練に参加しておきましょう。

When there are fears about a large natural disaster, cities may address residents and tell them to evacuate. There is also no telling when a fire or earthquake may occur. One ought to participate in emergency drills to prepare for times when such things may happen.

Khi có nguy cơ gặp thiên tai lớn, thành phố sẽ kêu gọi người dân đi lánh nạn. Chúng ta không thể biết khi nào sẽ xảy ra hỏa hoạn, vì vậy chúng ta nên tham gia luyện tập phòng thiên tai để chuẩn bị cho trường hợp như vậy.

1	防 ふせ-ぐ ボウ	防災 ぼうさい	disaster prevention / phòng chống thiên tai
		防止(する) ぼうし	to prevent / phòng chống
		予防(する) よぼう	to protect / dự phòng
7画 PHÒNG		prevent	
2	災 サイ	災害 →5-5 さいがい	disaster / tai họa
		火災 かさい	fire / hỏa hoạn
7画 TAI		disaster	
3	訓 クン	訓練(する) くんれん	to train / luyện tập
		訓読み くんよ	kun reading of a kanji / cách đọc âm nhật
10画 HUẤN		order	
4	恐 おそ-れる おそ-ろしい おそ-れ キョウ	恐ろしい おそ	frightening / đáng sợ
		恐れ おそ	fear / sợ
		恐怖 →5-5 きょうふ	fright / sợ hãi
10画 KHỦNG		fear	
5	避 さ-ける ヒ	避ける さ	to avoid / tránh
		避難(する) →4-4 ひなん	to evacuate / lánh nạn
16画 TỊ		avoid	
6	震 ふる-える シン	(〜が)震える ふる	to shake / ~ rung
		地震 じしん	earthquake / động đất
15画 CHẤN		shake	
7	備 そな-える ビ	(〜に)備える そな	to prepare for / chuẩn bị cho ~
		設備 せつび	equipment / thiết bị
		整備(する) せいび	to maintain / sửa chữa
		準備(する) →4-3 じゅんび	to prepare for / chuẩn bị
12画 BỊ		prepare	

8	財 ザイ サイ	財産 →3-2 ざいさん	asset / tài sản
		財布 さいふ	wallet / ví
10画 TÀI		wealth	
9	令 レイ	命令(する) →8-1 めいれい	to order / ra lệnh
5画 LỆNH		order	
10	童 ドウ	童話 どうわ	children's story / đồng thoại
		児童 →3-1 じどう	child / nhi đồng
12画 ĐỒNG		child	
11	徒 ト	生徒 せいと	student / học sinh
		徒歩 とほ	on foot / đi bộ
10画 ĐỒ		follower	
12	輪 わ リン	指輪 ゆびわ	ring / nhẫn
		車輪 しゃりん	wheel / bánh xe
15画 LUÂN		wheel	
13	連 つ-れる レン	連れる つ	to bring / dắt theo
		連続(する) →9-1 れんぞく	to connect, to continue / liên tục
		連休 れんきゅう	consecutive holidays / ngày nghỉ liên tiếp
		関連(する) かんれん	to relate to / liên quan
10画 LIÊN		carry, luck, destiny	
14	絡 ラク	連絡(する) れんらく	to contact / liên lạc
12画 LẠC		centwine, oil around	

ドリル　A　正しい読みをえらんでください。　　　　1点×5

❶ 落とした財布が戻ってきた。助かった。　　　a. ざいふ　　　b. さいふ

❷ このスーツケースは車輪の音がうるさい。　　　a. しゃろん　　　b. しゃりん

❸ この実験室は広いし、設備もととのっている。　　　a. せつび　　　b. せいび

❹ 帰宅後に手を洗う習慣で、風邪が予防できるそうだ。　　　a. よほう　　　b. よぼう

❺ この小学校には、多くの外国人児童がいる。　　　a. じどう　　　b. ちとう

ドリル　B　正しい漢字をえらんでください。　　　　1点×5

❶ 自然＿＿害は、人間の力の弱さを実感させる。　　　a. 炎　　b. 災　　c. 採
　　　　さい

❷ 困ったことがあったら、いつでも＿＿絡してね。　　　a. 連　　b. 練　　c. 恋
　　　　　　　　　　　　　　れん

❸ ＿＿ろしい事件が起きてしまった。　　　a. 怖　　b. 恐　　c. 震
　おそ

❹ 中学校の生＿＿たちが駅前で募金活動をしていた。　　　a. 彼　　b. 従　　c. 徒
　　　　　　と

❺ 彼は土地や家などの＿＿産をすべて失ってしまった。　　　a. 材　　b. 財　　c. 在
　　　　　　　　　ざい

ドリル　C　正しいほうをえらんで、全部ひらがなで＿＿に書いてください。　　　　1点×10

［れい］ 天気がいいから、（ⓐ公園　b. 道路 ）に行きましょう。　　　こうえん

❶ 台風で家が壊れた人たちが、近所の学校に（ a. 避難　b. 被害 ）した。　　　＿＿＿＿＿＿

❷ あの先輩は「来い」とか「しろ」とか（ a. 命令　b. 関連 ）ばかりする。　　　＿＿＿＿＿＿

❸ 友達との旅行に、うちの犬も一緒に（ a. 避けて　b. 連れて ）行った。　　　＿＿＿＿＿＿

❹ 強風に（ a. 備え　b. 防止し ）、風で飛びそうな物を家の中にしまった。　　　＿＿＿＿＿＿

❺ 職業（ a. 訓練　b. 恐怖 ）の学校に通えば、就職に必要な力がつくだろう。

　　　　　　　　　　　　　　　　　　　　　＿＿＿＿＿＿

2

火災
かさい

Fire／Tai họa

／20

火災が起きたら、被害が**拡大**しないよう、
まず、周囲に知らせてください。
煙は**吸**わないようにして**逃**げてください。
有**毒**な**煙**は火よりも危険です。

If a fire occurs, first let those around you know so that the damage does not spread.
Escape while being careful to not inhale smoke. Toxic smoke is more dangerous than fire.

Khi xảy ra thảm họa, để thiệt hại không lan rộng, trước tiên hãy báo cho người xung quanh. Hãy bỏ chạy để không bị hít phải khói. Khói độc còn nguy hiểm hơn khói thường.

1	拡 カク	拡大(する) かくだい	to expand / phóng đại
		⇔縮小(する) しゅくしょう	to shrink ／ hu nhỏ
8画 KHUẾCH		spread	

2	煙 (けむ-る)(けむ-り)(けむ-い) エン	煙 けむり	smoke / khói
		禁煙 きんえん	non-smoking / cấm hút thuốc
13画 YÊN		smoke	

3	吸 す-う キュウ	吸う す	to breathe in, to smoke / hít
		吸収(する) →4-2 きゅうしゅう	to absorb / hấp thụ
		呼吸(する) こきゅう	to breathe / thở
6画 HẤP		inhale	

4	逃 に-げる に-がす (トウ)	(〜が)逃げる に	to run away / ~ chạy trốn
		(〜を)逃がす に	to let it go / để thoát
9画 ĐÀO		run	

5	毒 ドク	有毒 ゆうどく	toxic / có độc
		消毒(する) しょうどく	to disinfect / khử độc
		中毒 ちゅうどく	addiction / trúng độc, ngộ độc
		気の毒 きどく	pitiable / lấy làm tiếc
8画 ĐỘC		poison	

6	停 (と-まる)(と-める) テイ	停止(する) ていし	to stop / dừng, hoãn
		停電(する) ていでん	to lose power / mất điện
		停車(する) ていしゃ	to stop a vehicle / dừng xe
		バス停 てい	bus stop / bến xe buýt
11画 ĐÌNH		stop	

7	喫 キツ	喫煙(する) きつえん	to smoke / hút thuốc
		喫茶店 きっさてん	café / quán giải khát
12画 KHIẾT		drink; eat	

8	灰 はい	灰 はい	ash / tàn, tro
		灰色 はいいろ	gray / màu trò
		灰皿 はいざら	ashtray / gạt tàn
6画 HÔI		ash	

9	炭 すみ タン	炭 すみ	charcoal / than
		炭火 すみび	charcoal fire / nướng bằng than
		石炭 せきたん	coal / than đá
9画 THÁN		charcoal	

10	灯 トウ	灯台 →5-5 とうだい	light house / đèn hải đăng
		灯油 とうゆ	kerosene / dầu đốt
		電灯 でんとう	electric lamp / bóng điện
		蛍光灯 けいこうとう	fluorescent light / đèn huỳnh quang
6画 ĐĂNG		lamp	

11	放 はな-す ホウ	放す はな	to let go / buông, thả
		放送(する) ほうそう	to broadcast / phát sóng
8画 PHÓNG		release	

| 12 | 導 (みちび-く) ドウ | 指導(する) しどう | to instruct / chỉ đạo |
| 15画 ĐẠO | | lead | |

ドリル A　正しい読みをえらんでください。　1点×5

❶ ううっ、息ができない。呼吸が苦しい。　a. こすう　b. こきゅう

❷ 仕事で疲れたら、喫茶店で少し休むことにしている。　a. きさてん　b. きっさてん

❸ この店の焼肉は、炭火を使っているからおいしいよ。　a. たんか　b. すみび

❹ だまされて財産を失ったなんて本当に気の毒だ。　a. きのとく　b. きのどく

❺ この部屋は禁煙です。たばこはやめてください。　a. きんえん　b. きんいん

ドリル B　正しい漢字をえらんでください。　1点×5

❶ 今日は雨雲が広がって、空が＿＿色だ。　a. 炭　b. 災　c. 灰
（はい）

❷ 小さくてよく見えない。＿＿大して見せて。　a. 仏　b. 拡　c. 払
（かく）

❸ この蛍光＿＿、つくまでに時間がかかるね。　a. 導　b. 灯　c. 逃
（とう）

❹ 次の駅で3分ほど＿＿車いたします。　a. 低　b. 定　c. 停
（てい）

❺ 地震の影響で、ドラマの＿＿送が延期になった。　a. 法　b. 包　c. 放
（ほう）

ドリル C　正しいほうをえらんで、全部ひらがなで＿＿に書いてください。　1点×10

れい　天気がいいから、（⒜.公園　b. 道路）に行きましょう。　こうえん

❶ ちょっと！　部屋にタバコの（a. 炭　b. 灰）を落とさないでよ！　＿＿＿＿＿＿

❷ 捕った魚は、写真だけ撮って川に（a. 逃がし　b. 逃げ）てやった。　＿＿＿＿＿＿

❸ 合格できたのは、先生のご（a. 停止　b. 指導）のおかげです。　＿＿＿＿＿＿

❹ そんなにお酒ばかり飲むと、アルコール（a. 消毒　b. 中毒）になるよ。　＿＿＿＿＿＿

❺ 迷子にならないよう、子供の手を（a. 放さ　b. 吸わ）ないでね。　＿＿＿＿＿＿

交通トラブル
こうつう

Transportation Trouble／Rắc rối trong giao thông

交差点の信号が故障したとき、警察官が合図を出してくれたよ。ありがたいよね。
こうさてん　しんごう　こしょう　けいさつかん　あいず　だ

そう言えば、今朝、自動改札が故障して駅員が切符をチェックしてたけど、あれも大変そうだった。
い　けさ　じどうかいさつ　こしょう　えきいん　きっぷ　たいへん

"When a light at an intersection broke, a police officer gave us signals. Isn't that great?"
"Now that you mention it, there was a station attendant checking tickets this morning when the automated gate was broken, but that looked difficult, too."

"Khi đèn giao thông bị hỏng, cảnh sát sẽ ra ra chỉ dẫn cho chúng ta. Cũng đỡ nhỉ. "
"Nói mới nhớ, sáng này máy soát vé bị hỏng nên nhân viên nhà ga phải ra kiểm tra vé, trông vất vả lắm. "

1	交 ま-ざる ま-じる ま-ぜる コウ	（～が）交ざる ま	to be mixed lẫn ~
		（～が）交じる ま	to be mixed lẫn ~
		（～を）交ぜる ま	mix together trộn lẫn
		交差点 →9-2 こう さ てん	intersection giao lộ
		交流（する） こうりゅう	to interact giao lưu
6画	GIAO	meet	
2	号 ゴウ	信号 →7-4 しんごう	signal đèn giao thông
		番号 ばんごう	number số hiệu
		記号 き ごう	symbol kí hiệu
		1月号 がつごう	January issue Số tháng 1
5画	HIỆU	scream; number	
3	故 コ	故障（する） こ しょう	to malfunction hỏng
		故郷 こ きょう	hometown quê hương
		事故 じ こ	accident tai nạn
9画	CỐ	old; former	
4	警 ケイ	警察 →9-3 けいさつ	police cảnh sát
		警察官 →9-3 けいさつかん	police officer cảnh sát viên
19画	CẢNH	warning	
5	札 ふだ サツ	値札 ね ふだ	price tag tag giá tiền
		改札口 →7-2 かいさつぐち	ticket gate cửa soát vé
		自動改札 →7-2 じ どうかいさつ	automatic ticket gate soát vé tự động
		一万円札 いちまんえんさつ	10,000 yen bill tờ một vạn yên
5画	TRÁT	bill; card	

6	符 フ	符号 ふ ごう	mark kí hiệu
		切符 きっぷ	ticket vé
11画	BỒ, PHÙ	sign; tag	
7	庁 チョウ	県庁 けんちょう	prefectiral office ủy ban tỉnh
		警察庁 けいさつちょう	National Police Agency sở cảnh sát
12画	SẢNH	office	
8	幅 はば	幅 はば	breadth độ rộng
		道幅 みちはば	road width độ rộng mặt đường
		大幅に おおはば	significantly đáng kể
12画	BỨC	width	
9	塔 トウ	塔 とう	tower tháp
		エッフェル塔 とう	Eiffel Tower tháp Effel
12画	THÁP	tower	
10	坂 さか	坂 さか	hill, slope dốc
		坂道 さかみち	hill đường dốc
7画	PHẢN	hill	
11	城 しろ ジョウ	城 しろ	castle thành
		大阪城 おおさかじょう	~ Castle thành ~
9画	THÀNH	castle	
12	暮 く-らす く-らし く-れる く-れ	暮らす く	to live sống
		暮らし く	life cuộc sống
		（～が）暮れる く	to grow dark chạng vạng
		暮れ く	end cuối
14画	MỘ	sunset; live	

ドリル A　正しい読みをえらんでください。　1点×5

❶ 冷蔵庫が故障して、氷がとけてしまった。　a. こうしょ　b. こしょう

❷ 50代になって黒い髪に白髪が交じるようになった。　a. はじる　b. まじる

❸ この布団は固いし、幅も狭いし、寝にくいなあ。　a. はば　b. よこ

❹ じゃ、明日は駅の改札で待ってるね。　a. かいけい　b. かいさつ

❺ この町で暮らすようになって、もう5年だ。　a. ならす　b. くらす

ドリル B　正しい漢字をえらんでください。　1点×5

❶ この＿＿は昔、王様の住居だったそうだ。　a. 城　b. 塔　c. 坂

❷ あの高い＿＿の上から景色が見たいなあ。　a. 城　b. 塔　c. 坂

❸ 電車の場合、ICカードのほうが切＿＿よりちょっとだけ安い。　a. 向　b. 符　c. 荷

❹ 駅前に＿＿察官が大勢いたが、事件だろうか。　a. 敬　b. 経　c. 警

❺ 県＿＿へ行って手続きをする必要がある。　a. 長　b. 頂　c. 庁

ドリル C　正しいほうをえらんで、全部ひらがなで＿＿に書いてください。　1点×10

れい　天気がいいから、（ⓐ.公園　b. 道路）に行きましょう。　　こうえん

❶ （a. 値札　b. 符号）の表示から30%割引して販売します。　＿＿＿＿＿＿＿

❷ 私の（a. 故郷　b. 交流）では、今が一番花の咲く季節だ。　＿＿＿＿＿＿＿

❸ 年末のことを年の（a. 記号　b. 暮れ）とも言う。　＿＿＿＿＿＿＿

❹ 自転車で（a. 坂道　b. 道幅）をのぼるのは、なかなか大変だ。　＿＿＿＿＿＿＿

❺ （a. 交差点　b. 信号）が赤なのに、トラックが突っ込んできた。　＿＿＿＿＿＿＿

4

盗難事件
とうなん　じけん

Theft／Vụ trộm

昨日、近所に**泥棒**が入って、現金や**宝石**が**盗**ま
きのう　きんじょ　どろぼう　はい　げんきん　ほうせき　ぬす
れたんだって。**犯人**もまだ**捕**まってないみたい。
はんにん　つか

えー、怖い。私たちも、**普**段から防**犯**に気をつ
こわ　わたし　ふだん　ぼうはん　き
けないと。

"They say that a burglar entered my neighbor's home yesterday and stole cash and jewels. It sounds like they haven't caught the culprit yet, either."
"What? That's scary. We need to be vigilant about crime prevention."

"Hôm qua hàng xóm bị trộm vào nhà ăn cắp tiền và đá quý đấy. Hình như vẫn chưa bắt được tên tội phạm."
"Vậy sao, sợ quá! Bọn mình cũng phải cận thận."

1	盗	ぬす-む トウ	盗む / ぬす / to steal / trộm	
			盗難 →4-4 / とうなん / theft / ăn trộm	
			強盗 / ごうとう / robbery / cướp	
11画	ĐẠO	steal		
2	泥	どろ	泥 / どろ / mud / bùn	
8画	NÊ	mud		
3	棒	ボウ	棒 / ぼう / stick / gậy	
			泥棒 / どろぼう / thief / tên trộm	
12画	BỔNG	rod		
4	宝	たから ホウ	宝 / たから / treasure / kho báu	
			宝くじ / たから / lottery / xổ số	
			宝石 / ほうせき / gem / đá quý	
8画	BẢO	treasure		
5	犯	おか-す ハン	犯す / おか / to commit / phạm, vi phạm	
			犯人 / はんにん / criminal / tên tội phạm	
			防犯 →6-1 / ぼうはん / crime prevention / chống trộm	
5画	PHẠM	offense		
6	捕	つか-まる つか-まえる と-る ホ	(〜が)捕まる / つか / to be caught / bắt được 〜	
			(〜を)捕まえる / つか / to catch / 〜 bị bắt	
			捕る / と / to catch / bắt	
			逮捕(する) / たいほ / to arrest / bắt	
10画	BỔ	capture		

7	普	フ	普段 / ふだん / ordinary / thông thường	
			普通 / ふつう / normal / bình thường	
			普及(する) / ふきゅう / to spread / phổ cập	
12画	PHỔ	standard		
8	強	つよ-い キョウ	強力 →8-3 / きょうりょく / powerful / mạnh	
			強化(する) / きょうか / to enhance / tăng cường	
			強引(な) →8-3 / ごういん / forceful / ép uổng	
11画	CƯỜNG	strong		
9	暴	あば-れる ボウ	(〜が)暴れる / あば / to go wild / 〜 làm loạn	
			暴力 →8-3 / ぼうりょく / violence / bạo lực	
			乱暴(な) →2-2 / らんぼう / rough / thô lỗ	
15画	BẠO, BỘC	rough		
10	処	ショ	処理(する) / しょり / to manage / xử lí	
			処分(する) / しょぶん / to dispose of / xử lí	
5画	XỬ, XỨ	process		
11	貨	カ	硬貨 →5-2 / こうか / coinage / tiền xu	
			通貨 / つうか / currency / đồng tiền chung	
11画	HÓA	valuables		
12	玉	たま	十円玉 / じゅうえんだま / 10 yen coin / đồng 10 yên	
			水玉模様 / みずたまもよう / polka dot / hình giọt nước	
5画	NGỌC	treasure		

ドリル A　正しい読みをえらんでください。　　　1点×5

❶ 警察官が犯人を追いかけているのを見た。　　　a. はんじん　　　b. はんにん

❷ 雨の中、サッカーの試合をして、泥だらけになった。　　　a. つち　　　b. どろ

❸ 普段から、できるだけ体を動かすようにしている。　　　a. ふたん　　　b. ふだん

❹ 引っ越しの前に、必要ないものを処分しようと思う。　　　a. しょっぷん　　　b. しょぶん

❺ インターネットは世界中に普及している。　　　a. ふきゅう　　　b. ふっきゅう

ドリル B　正しい漢字をえらんでください。　　　1点×5

❶ うちの犬は、私の投げた＿＿を必ず取ってくる。　　　a. 棒　　　b. 拝　　　c. 技

❷ ＿＿くじが当たって、非常にうれしい。　　　a. 宅　　　b. 宝　　　c. 宇

❸ 日本の通＿＿の単位は円だ。　　　a. 貨　　　b. 貸　　　c. 過

❹ 水＿＿模様のスカートが流行しているようだ。　　　a. 玉　　　b. 宝　　　c. 王

❺ 家を訪ね、＿＿引に物を買わせるのは法律違反だ。　　　a. 業　　　b. 強　　　c. 号

ドリル C　正しいほうをえらんで、全部ひらがなで＿＿に書いてください。　　　1点×10

れい　天気がいいから、（ⓐ公園　b. 道路）に行きましょう。　　　こうえん

❶ 運転免許証が（a. 盗まれた　b. 暴れた）ので、再発行の手続きをした。　　　＿＿＿＿＿＿＿

❷ （a. 泥棒　b. 盗難）が逮捕されるまでに、十軒の家が被害にあった。　　　＿＿＿＿＿＿＿

❸ （a. 防犯　b. 普通）カメラの画像から、犯人が特定された。　　　＿＿＿＿＿＿＿

❹ なぐる、ける、たたくなどの（a. 強力　b. 暴力）は絶対に許されない。　　　＿＿＿＿＿＿＿

❺ 猫がネズミを（a. 捕まる　b. 捕まえる）のは自然なことだ。　　　＿＿＿＿＿＿＿

犯罪
はんざい

Crime／Tội phạm

"It sounds like the thief from the other day was caught the next day."
"Yes, you can always count on the police. They went to many homes to ask about what happened that day."

"Tên trộm bữa trước bị bắt ngay hôm sau rồi đấy."
"Ừ. Cảnh sát giỏi quá. Viên cảnh sát đến hỏi thông tin mấy nhà liền về thông tin ngày hôm đó."

1	罪	つみ / ザイ	罪（つみ）	crime / tội
			犯罪（はんざい）→6-4	offense / tội phạm
	13画	TỘI		crime
2	翌	ヨク	翌日（よくじつ）	next day / ngày hôm sau
	11画	DỰC		next
3	日	ひ / か / ニチ / ジツ	日付（ひづけ）	date / đế ngày tháng
			日常（にちじょう）→9-4	daily life / ngày thường
			日程（にってい）→8-4	day's schedule / lịch trình
			当日（とうじつ）	day in question / hôm đó
			平日（へいじつ）	weekday / ngày thường
			祝日（しゅくじつ）	holiday / ngày lễ
			先日（せんじつ）	the other day / hôm trước
	4画	NHẬT		day
4	署	ショ	署名（する）（しょめい）	to sign / kí tên
			警察署（けいさつしょ）→6-3	police station / sở cảnh sát
			消防署（しょうぼうしょ）	fire station / sở phòng cháy chữa cháy
			部署（ぶしょ）	post / phòng ban
	13画	THỰ		station; role
5	軒	ケン	2軒（けん）	2 homes / 2 nhà
	10画	HIÊN		place
6	況	キョウ	状況（じょうきょう）→3-3	situation / tình hình
	8画	HUỐNG		state
7	断	ことわ-る / ダン	断る（ことわ）	to refuse / từ chối
			断水（する）（だんすい）	to cut off water / mất nước
			油断（する）（ゆだん）	to let one's guard down / chủ quan
			横断（する）（おうだん）	to cross / đi sang đường
	11画	ĐOẠN, ĐOÁN		decide; cut off
8	努	つと-める / ド	努める（つと）	to strive / nỗ lực
			努力（する）（どりょく）→8-3	to make an effort / cố gắng
	7画	NỖ		effort
9	殺	ころ-す / サツ	殺す（ころ）	to kill / giết
			殺人（さつじん）	killer / giết người
			自殺（する）（じさつ）→1-1	to commit suicide / tự sát
	10画	SÁT		kill
10	勇	いさ-ましい / ユウ	勇ましい（いさ）	courageous / quả cảm
			勇気（ゆうき）	courage / dũng khí
	9画	DŨNG		strength
11	諸	ショ	アジア諸国（しょこく）	Asian nations / các nước châu Á
			諸〜（しょ）	various 〜 / các 〜 , những 〜
	15画	CHƯ		various
12	反	ハン	反する（はん）	to contradict / vi phạm, trái với 〜
			反対（する）（はんたい）	to oppose / phản đối
			反映（する）（はんえい）	to reflect / phản ánh, đưa vào
	4画	PHẢN		anti-

/ 20

| ドリル A | 正しい読みをえらんでください。 | 1点×5 |

❶ 救急車がサイレンを鳴らして消防署を出て行った。　a. しょうぼうしょ　b. しょぼうしょう

❷ 彼女はプロの歌手をめざして努力を続けている。　a. のりょく　b. どりょく

❸ 映画にさそわれたが、都合がつかなくて断った。　a. あやまった　b. ことわった

❹ この小説では、美しい女王が殺されてしまう。　a. けがされて　b. ころされて

❺ デートをした日は雨で、その翌日が晴れだった。　a. よくじつ　b. しゅくじつ

| ドリル B | 正しい漢字をえらんでください。 | 1点×5 |

❶ 彼らはアジア＿＿国からの留学生たちです。　a. 所　b. 署　c. 諸
（しょ）

❷ 水道工事のため＿＿水していて、水が出ない。　a. 談　b. 断　c. 段
（だん）

❸ 事件の状＿＿から考えて、犯人はこの男だろう。　a. 況　b. 吸　c. 境
（きょう）

❹ この小説は、読者に＿＿気を与えてくれる。　a. 優　b. 勇　c. 遊
（ゆう）

❺ 右から2＿＿目が、先生のご自宅です。　a. 軒　b. 研　c. 件
（けん）

| ドリル C | 正しいほうをえらんで、全部ひらがなで＿＿に書いてください。 | 1点×10 |

れい　天気がいいから、（ⓐ.公園　b. 道路）に行きましょう。　　こうえん

❶ ここに（a. 署名　b. 日常）をして、書類を提出してください。　＿＿＿＿＿＿

❷ 今後も、皆様のお役に立てるよう（a. 反して　b. 努めて）参ります。　＿＿＿＿＿＿

❸ 選挙の結果には、国民の意見が（a. 反映　b. 自殺）されている。　＿＿＿＿＿＿

❹ 次の月曜日は（a. 祝日　b. 平日）だから、土日月と三連休だ。　＿＿＿＿＿＿

❺ 道路を（a. 油断　b. 横断）する際は、左右の安全を確認すること。　＿＿＿＿＿＿

まとめ問題 A

問題1 ＿＿＿＿の言葉の読み方として最もよいものを1・2・3・4から一つ選びなさい。

1 友人に頼まれて、少年サッカーチームの<u>指導</u>をすることになった。

   1 さしどう   2 しどう   3 さしず   4 しず

2 議論を<u>強引</u>に進める前に、いろいろな意見を聞いたほうがいい。

   1 ごういん   2 きょういん   3 ごうい   4 きょうい

3 裁判でうその発言をすると、それだけで<u>罪</u>になる。

   1 ざい   2 さい   3 つみ   4 すみ

4 個人情報を<u>盗</u>まれないように気をつけましょう。

   1 とまれ   2 とうまれ   3 やすまれ   4 ぬすまれ

5 事件のことを思い出すと、今でも怖くて体が<u>震える</u>。

   1 こごえる   2 こたえる   3 ふるえる   4 そなえる

6 靴についた泥で玄関を<u>汚</u>さないで。

   1 とろ   2 どろ   3 つち   4 つじ

7 飛行機のトラブルがあった時は、本当に<u>恐怖</u>を感じた。

   1 きょうふう   2 きょふう   3 きょうふ   4 きょふ

問題2 ＿＿＿＿の言葉の書き方として最もよいものを1・2・3・4から一つ選びなさい。

1 畑の野菜を食べる動物を<u>つかまえて</u>、山に戻した。

   1 構えて   2 講えて   3 捕まえて   4 補まえて

2 子猫はかわいいが、時々<u>あばれる</u>のが困る。

   1 暴ばれる   2 暴れる   3 荒ばれる   4 荒れる

3 熱いお湯で、容器を<u>しょうどく</u>した。

   1 消防   2 消極   3 消毒   4 消費

4 当店では、円やドルだけでなく、多くの<u>つうか</u>を扱っています。

　　1　通過　　　　　2　通貨　　　　　3　追加　　　　　4　追化

5 家庭用ロボットは徐々に<u>ふきゅう</u>していくだろう。

　　1　不休　　　　　2　不急　　　　　3　普旧　　　　　4　普及

6 一人<u>ぐらし</u>は気楽だが、病気になったときは困る。

　　1　暗し　　　　　2　蔵し　　　　　3　苦らし　　　　4　暮らし

7 父は最新の<u>せつび</u>を持つ病院で手術を受けた。

　　1　設備　　　　　2　設費　　　　　3　説備　　　　　4　説費

問題3（　　　　）に入れるのに最もよいものを1・2・3・4から一つ選びなさい。

1 新築の住宅が3（　　　）並んでいる。

　　1　軒　　　　　　2　塔　　　　　　3　家　　　　　　4　床

2 一万円（　　　）を千円10枚に両替していただけますか。

　　1　礼　　　　　　2　札　　　　　　3　冊　　　　　　4　柵

3 落とした財布が見つかったので、警察（　　　）に取りに行った。

　　1　相　　　　　　2　省　　　　　　3　所　　　　　　4　署

問題4（　　　　）に入れるのに最もよいものを1・2・3・4から一つ選びなさい。

1 万が一の場合に（　　　　　）、近所の人と協力できる関係を作っておこう。

　　1　備えて　　　　2　吸って　　　　3　収めて　　　　4　連れて

2 次の中から正しいものを選んで、（　　　　　）で答えてください。

　　1　信号　　　　　2　記号　　　　　3　切符　　　　　4　切手

3 こちらは（　　　　　）となっておりますので、たばこはご遠慮ください。

　　1　防災　　　　　2　避難　　　　　3　禁煙　　　　　4　反映

まとめ問題 B

/30

問題　次の文を読んで、質問に答えなさい。

①先日、空が②突然、ピカッと光るとともにものすごい音がして、自宅が③停電してしまった。もう日が④暮れていたので、真っ暗で何も見えない。特に⑤避難する必要はなかったが、とても不便で、不安も感じた。すべてに電気を利用する住宅なので、料理もできず、その日は外食することにして、⑥徒歩5分、⑦坂道をのぼってすぐのところの⑧喫茶店に行った。途中、かみなりが落ちたのか、庭の木から⑨煙の出ている家があった。火事にならなくてよかった。うちには大金や高価な⑩宝石などはないので、万一、⑪泥棒が入っても、大きな被害はないが、⑫火災が発生したら本当に怖いと思った。

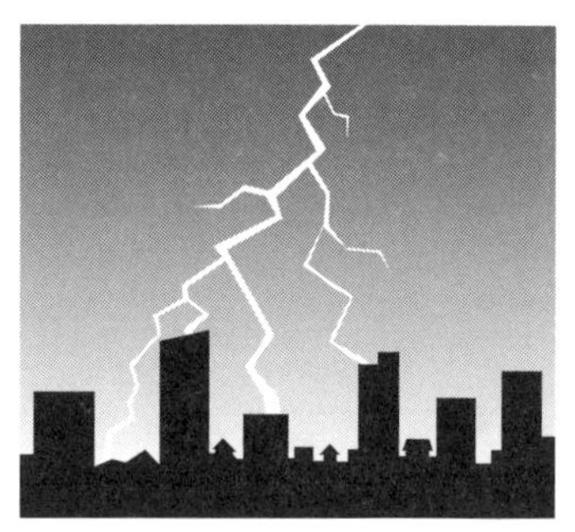

問1　①〜⑫の漢字をひらがなにして、＿＿＿＿を全部ひらがなで書きなさい。　　（2点×12=24点）

①	②	③
④	⑤	⑥
⑦	⑧	⑨
⑩	⑪	⑫

問2　文の内容と合うものに○、合わないものに×をつけなさい。　　（3点×2=6点）

a. （　　　　）筆者は、どこに避難すればいいかわからなくて困った。

b. （　　　　）筆者の近所の家にかみなりが落ちて、火災になってしまった。

94

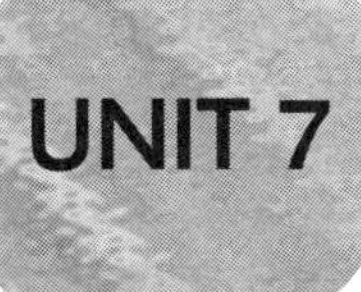

UNIT 7 社会
しゃかい
Society
Xã hội

1

政治
せいじ

Politics／Chính trị

/ 20

😮 どの**政党**の候補者も、**選挙**のときは「国民の暮らしを守ります」って言うんだよね。

😀 当**選**したいからね、何でもするよ。**首相**や**大臣**とか有名人に応援に来てもらったり。

"Candidates for any political party say ˈI will protect the lives of the citizens,ˈ don't they?"
"They'll do anything because they want to get elected. They'll even have the Prime Minister, other Ministers, or famous people come to support them."

"Ứng viên của đảng nào khi tranh cử cũng đều nói "Chúng tôi sẽ bảo vệ cuộc sống của người dân" nhỉ."
"Thì ai cũng muốn trúng cử mà, gì chẳng làm. Thủ tướng hay bộ trưởng, người nổi tiếng còn đến để ủng hộ ấy chứ. "

1	政 セイ	政治 →7-5 / せいじ	politics / chính trị	
		政治家 →7-5 / せいじか	politician / chính trị gia	
		政府 / せいふ	government / chính phủ	
9画	CHÍNH, CHÁNH	government		
2	党 トウ	政党 / せいとう	political party / chính đảng	
		社会党 / しゃかいとう	Socialist Party / Đảng Xã hội	
10画	ĐẢNG	party		
3	補 おぎな-う ホ	補う / おぎな	to compensate / bù đắp	
		補足（する）/ ほそく	to supplement / thêm vào	
		候補（者）→5-4 / こうほ（しゃ）	candidacy (candidate) / ứng cử viên	
12画	BỔ	complementary		
4	選 えら-ぶ セン	選挙（する）/ せんきょ	election, to elect / bầu cử	
		選手 / せんしゅ	participant / tuyển thủ	
		選択（する）/ せんたく	to choose / lựa lọn	
		当選（する）/ とうせん	to be elected / trúng cử	
15画	TUYỂN	select		
5	相 あい ソウ ショウ	相手 / あいて	other party / đối phương	
		相変わらず / あいか	as always / vẫn thế, không thay đổi	
		相談（する）/ そうだん	to discuss / tư vấn	
		首相 →3-6 / しゅしょう	prime minister / thủ tướng	
9画	TƯƠNG, TƯỚNG	aspect; minister		
6	臣 ジン	大臣 / だいじん	minister / bộ trưởng	
7画	THẦN	subject		

7	民 ミン	民主主義 →7-4 / みんしゅしゅぎ	democracy / chủ nghĩa dân chủ	
		民間 / みんかん	private / tư nhân	
		国民 / こくみん	the people / quốc dân	
5画	DÂN	people		
8	省 （かえり-みる）はぶ-く ショウ セイ	省く / はぶ	to omit / bớt	
		省略（する）→9-3 / しょうりゃく	to abridge / rút gọn	
		環境省 →5-3, 7-3 / かんきょうしょう	Ministry of the Environment / bộ môi trường	
		反省（する）→6-5 / はんせい	to examine oneself / rút kinh nghiệm	
9画	TỈNH	department		
9	総 ソウ	総理大臣 / そうりだいじん	prime minister / thủ tướng	
		総合 / そうごう	synthesis / tổng hợp	
		総復習 →2-5 / そうふくしゅう	overall review / tổng ôn tập	
14画	TỔNG	overall		
10	副 フク	副首相 / ふくしゅしょう	deputy prime minister / phó thủ tướng	
11画	PHÓ	vice-		
11	税 ゼイ	税 / ぜい	tax / thuế	
		税金 / ぜいきん	tax / tiền thuế	
		税関 / ぜいかん	Customs / thuế quan	
		課税（する）/ かぜい	to tax to / đánh thuế	
		消費税 →5-3 / しょうひぜい	consumption tax / thuế tiêu thụ	
12画	THUẾ	tax		

❶ 首相は国際会議に出席するため渡米した。　　　a. しゅそう　　　b. しゅしょう

❷ 細かいことは省いて、要点だけ話してください。　a. のぞいて　　　b. はぶいて

❸ 国の代表は民主的に選ばれるべきだ。　　　　　a. みんしゅ　　　b. みんしゅう

❹ 事故について、政府がコメントを発表した。　　a. せいじ　　　　b. せいふ

❺ すみませんでした。大変反省しています。　　　a. はんせい　　　b. はんしょう

UNIT
7

社会

❶ この政＿＿の人気が高まってきている。　　　a. 党　　　b. 常　　　c. 労

❷ 社長に代わって＿＿社長があいさつした。　　　a. 福　　　b. 副　　　c. 複

❸ 試合会場は、市の＿＿合体育館だ。　　　　　　a. 集　　　b. 総　　　c. 統

❹ 国営だった企業が＿＿間の会社になった。　　　a. 氏　　　b. 眠　　　c. 民

❺ 彼の結婚式では大＿＿がスピーチしたんだよ。　a. 巨　　　b. 臣　　　c. 匹

れい　天気がいいから、(a.公園　b. 道路) に行きましょう。　　　こうえん

❶ 以上の説明に何か (a. 補足　b. 当選) すべきことがありますか。　＿＿＿＿＿＿＿＿

❷ (a. 選挙　b. 官庁) の結果、新年度の委員が決まった。　＿＿＿＿＿＿＿＿

❸ 文学賞の (a. 相手　b. 候補) として5人の小説家が選ばれた。　＿＿＿＿＿＿＿＿

❹ 収入が増えると、(a. 相談　b. 課税) される金額も増える。　＿＿＿＿＿＿＿＿

❺ 空港の (a. 税関　b. 税金) で荷物を検査された。　＿＿＿＿＿＿＿＿

2

経済
けいざい

Economy／Kinh tế

／20

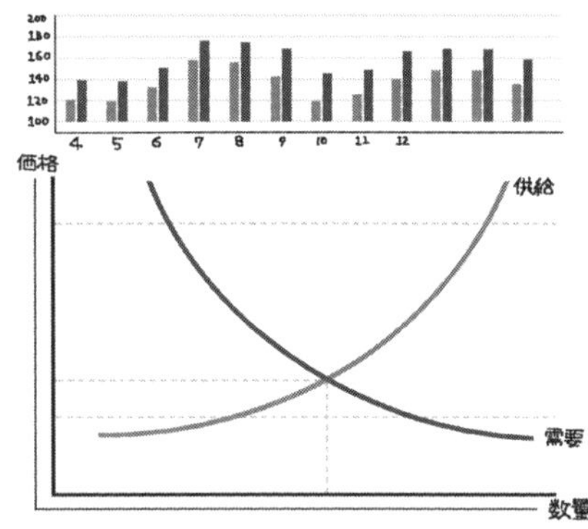

〈講義〉需**要**が**供給**を上**回**ると、**価格**は上**昇**します。例えば、宿泊を希望する人が多くなると、ホテルの宿泊料金が高くなります。**需要**と**供給**のバランスがくずれると、**価格**も大きく変化するため、注意が必要です。

(Lecture) When demand exceeds supply, prices increase. For example, if the number of people looking for lodging increase, hotel prices increase. If the balance between demand and supply breaks down, prices can change drastically, which is why close attention is important.

(Bài giảng) Khi cầu vượt quá cung thì giá cả sẽ tăng. Ví dụ, nhiều người muốn ở trọ thì giá tiền phòng khách sạn sẽ cao lên. Khi cân bằng cung và cầu bị sụp đổ, giá cả sẽ biến động mạnh nên cần hết sức lưu ý.

1	経 た-つ ケイ	（〜が）経つ た	to elapse	trải qua 〜
		経営（する）→4-3 けいえい	to manage	kinh doanh
		経験（する）けいけん	to experience	kinh nghiệm
11画	KINH		pass, elapse	
2	済 す-む（す-ます）ザイ	（〜が）済む す	end	xong 〜
		経済 けいざい	economy	kinh tế
11画	TẾ		settled, arranged	
3	要 い-る ヨウ	（〜が）要る い	to require	cần 〜
		要点 ようてん	important points	điểm chính
		・需要 じゅよう	demand	nhu cầu
9画	YẾU		primary point	
4	供 とも キョウ	子供 こども	child	trẻ con
		供給（する）→4-2 きょうきゅう	to supply	cung cấp
		提供（する）→9-5 ていきょう	to provide	cung cấp
8画	CUNG		provide	
5	回 まわ-る まわ-す カイ	上回る うわまわ	to exceed	vượt lên
		下回る したまわ	to fall under	đi xuống
		回転（する）かいてん	to rotate	quay vòng
		回答（する）かいとう	to answer	trả lời
		回復（する）かいふく	to be restored	hồi phục
6画	HỒI		rotate	

6	価 カ	価格 かかく	price	giá cả
		価値 かち	value	giá trị
		物価 ぶっか	price	vật giá
		高価（な）こうか	expensive	đắt đỏ
		評価（する）→9-4 ひょうか	to evaluate, to value	đánh giá
8画	GIÁ		value	
7	昇 のぼ-る ショウ	（〜が）昇る のぼ	to rise	tăng
		（〜が）上昇（する）じょうしょう	to rise	tăng
8画	THĂNG		rise	
8	降 お-りる お-ろす ふ-る コウ	降水量 →8-2 こうすいりょう	amount of precipitation	lượng mưa
		（〜が）下降（する）かこう	to descend	đi xuống
		来年以降 らいねんいこう	next year and beyond	từ năm sau
10画	GIÁNG, HÀNG		descend	
9	損 （そこ-なう）ソン	損（する）そん	loss, to lose	thiệt
		損害 →5-5 そんがい	damage	thiệt hại
		損得 →2-5 そんとく	profit and loss	hơn thiệt
13画	TỔN		loss	
10	改 あらた-める（あらた-まる）カイ	改める あらた	to revise	làm lại
		改めて あらた	again	lại lần nữa
		改正（する）→8-5 かいせい	to amend	cải chính, cải cách
7画	CẢI		anew	
11	販 ハン	販売（する）はんばい	to sell	bán
11画	PHIÊN		buy and sell	

ドリル A　　正しい読みをえらんでください。　　　　　　　1点×5

❶ 予定については、後ほど改めてご連絡いたします。　　a. あたためて　　b. あらためて

❷ 私には宝石の価値なんて判断できない。　　a. かかく　　b. かち

❸ 本を読んでいるうちに3時間も経ってしまった。　　a. かかって　　b. たって

❹ この登山道は、11月以降は通れなくなります。　　a. いこう　　b. いごう

❺ 情報をご提供くださり、ありがとうございます。　　a. ていきゅう　　b. ていきょう

ドリル B　　正しい漢字をえらんでください。　　　　　　　1点×5

❶ 国の経＿＿の状況が心配だ。　　a. 財　　b. 剤　　c. 済

❷ 新商品の＿＿売が始まった。　　a. 般　　b. 判　　c. 販

❸ 電力の＿＿給が安定しないと困る。　　a. 共　　b. 供　　c. 洪

❹ 東の空に日が＿＿ってきた。　　a. 昇　　b. 暮　　c. 曇

❺ 彼は頭の＿＿転が速く、何でもすぐ理解する。　　a. 解　　b. 回　　c. 改

ドリル C　　正しいほうをえらんで、全部ひらがなで＿＿に書いてください。　　　　1点×10

れい　天気がいいから、（ⓐ. 公園　b. 道路）に行きましょう。　　こうえん

❶ 工場の火事による（a. 損害　b. 物価）は一千万円に達するだろう。　　＿＿＿＿＿＿＿＿

❷ 用事が（a. 要ったら　b. 済んだら）、一緒に食事をしよう。　　＿＿＿＿＿＿＿＿

❸ （a. 要点　b. 需要）をメモしながら説明を聞いた。　　＿＿＿＿＿＿＿＿

❹ 遅くまでお酒を飲む習慣は（a. 改めた　b. 回復した）ほうがいい。　　＿＿＿＿＿＿＿＿

❺ このホテルは、利用者から高く（a. 評価　b. 上昇）されている。　　＿＿＿＿＿＿＿＿

3

国際問題
こくさいもんだい

International Issues／Vấn đề quốc tế

/ 20

"There's a problem because armed forces have come in conflict near the border and they've used weapons on civilians again."
"They've been in conflict over the border issue for so long. They'll never be able to resolve it between the two countries, so I wish international organizations would do more work."

"Ở khu vực gần biên giới, quân đội đụng độ, và dùng cả vũ khí với dân thường."
"Vấn đề lãnh thổ cứ tranh chấp mãi nhỉ. Hai nước không thể giải quyết nên để các tổ chức quốc tế cần phải có động thái hơn nữa."

1	境 さかい キョウ	境 さかい	boundary	ranh giới
		境界 きょうかい	boundary	ranh giới
		環境 →5-3 かんきょう	environment	môi trường
		国境 こっきょう	border	biên giới
14画	CẢNH		border	
2	軍 グン	軍隊 ぐんたい	armed forces	quân đội
		ローマ軍 ぐん	Roman army	Quân đội La Mã
9画	QUÂN		battle; army	
3	武 ブ	武器 →2-1 ぶ き	weapon	vũ khí
		武士 →4-3 ぶ し	warrior; samurai	võ sĩ
		武力 →8-3 ぶりょく	military force	vũ lực
8画	VŨ, VÕ		military	
4	領 リョウ	領収書 →4-2 りょうしゅうしょ	receipt	hóa đơn
		領土 りょう ど	territory	lãnh thổ
		大統領 →2-1 だいとうりょう	president	tổng thống
14画	LÃNH, LĨNH		rule; accept	
5	争 あらそ-う ソウ	争う あらそ	to dispute	tranh giành
		戦争(する) せんそう	war	chiến tranh
6画	TRANH		conflict	
6	絶 た-える ゼツ	絶えず た	endlessly	không ngừng
		絶対 ぜったい	absolutely	tuyệt đối
12画	TUYỆT		end	

7	解 と-く と-ける カイ	解く と	to untie, to solve	giải
		解決(する) かいけつ	to solve	giải quyết
		解説(する) かいせつ	to explain	giải thích
		理解(する) り かい	to understand	lí giải
		誤解(する) →9-1 ご かい	to misunderstand	hiểu nhầm
13画	GIẢI		understand; solution	
8	機 キ	機関 き かん	institution	cơ gian
		機械 →2-5 き かい	machine	máy móc
		機会 き かい	opportunity	cơ hội
		機嫌 →3-3 き げん	mood	tâm trạng
		飛行機 ひ こう き	airplane	máy bay
		扇風機 →5-5 せんぷう き	fan	quạt máy
16画	CƠ,KY		machine	
9	権 ケン	権利 けん り	right	quyền lợi
		選挙権 せんきょけん	voting rights	quyền bỏ phiếu
15画	QUYỀN		authority	
10	律 リツ	法律 ほうりつ	law	luật pháp
		規律 →4-5 き りつ	discipline	quy tắc
9画	LUẬT		law	
11	兵 ヘイ	兵隊 へいたい	soldier	binh lính
		兵士 →4-3 へい し	soldier	binh sĩ
7画	BINH		soldier	

❶ 環境問題は、世界が協力して対応すべき問題だ。　　　a. かんきょう　　b. かんけい

❷ 約束は絶対に守ります。　　　　　　　　　　　　　　a. じったい　　　b. ぜったい

❸ 法律に反するようなことは何もしていない。　　　　　a. ほういつ　　　b. ほうりつ

❹ 子供には教育を受ける権利がある。　　　　　　　　　a. けんり　　　　b. きんり

❺ 戦争を避けるために、あらゆる努力がなされた。　　　a. せんそう　　　b. せんぞう

ドリル　B　　正しい漢字をえらんでください。　　　　　　　　　1点×5

❶ 私の職場は、A市とB市の＿＿＿にある。　　　a. 界　　b. 領　　c. 境
　　　　　　　　　　　　　　さかい

❷ 兄弟は、親の残した土地のことで＿＿＿っている。　　a. 争　　b. 領　　c. 戦
　　　　　　　　　　　　　　　　あらそ

❸ この問題に＿＿＿してご意見をお願いします。　　　a. 感　　b. 関　　c. 観
　　　　　　　かん

❹ ＿＿＿器の売買はきびしく管理されるべきだ。　　　a. 武　　b. 式　　c. 殺
　　ぶ

❺ 店で＿＿＿収書をもらう必要がある。　　　　　　　a. 量　　b. 領　　c. 両
　　　りょう

ドリル　C　　正しいほうをえらんで、全部ひらがなで＿＿＿に書いてください。　　1点×10

[れい]　天気がいいから、（ⓐ.公園　b. 道路）に行きましょう。　　　　　こうえん

❶ 政府（a. 機関　b. 境界）の情報管理は責任が重い。　　　　　＿＿＿＿＿＿＿

❷ 選挙（a. 権　b. 軍）が得られる年齢は何歳ですか。　　　　　＿＿＿＿＿＿＿

❸ 彼らはよく訓練された（a. 兵士　b. 領土）のようだった。　　　＿＿＿＿＿＿＿

❹ 最後の問題は難しくて、（a. 解く　b. 誤解する）ことができなかった。　　＿＿＿＿＿＿＿

❺ ここで作られた（a. 機械　b. 機会）は世界各国に輸出されている。　　＿＿＿＿＿＿＿

UNIT 7 社会

信頼できる情報
しんらい　　　　　じょうほう

Reliable Information／Thông tin đáng tin cậy

／20

ネット上には無責任な情報も多いから、
じょう　　む せきにん　じょうほう　　おお
そのまま**信**じ**込**まないほうがいいよ。
しん　　こ

うん。変な**文章**も多いよね。**出版**されている
へん　ぶんしょう　おお　　　　　しゅっぱん
本なら、**著**者や**編集**者が責任を持つけどね。
ほん　　ちょしゃ　へんしゅうしゃ　せきにん　も

"There is a lot of irresponsible information online, so you shouldn't believe it as it is."
"Yes. There are many strange writings. On the other hand authors and editors are responsible for published books."

" Trên mạng nhiều thông tin vô trách nhiệm nên cậu đừng đọc mà tin luôn là thế. "
"Ừ. Cũng nhiều câu kì cục lắm. Sách được xuất bản thì tác giả và người biên tập còn có trách nhiệm nhỉ. "

1	信 シン	信じる　しん	to believe / tin	
		信用（する）　しんよう	to believe / tin cậy	
		信頼（する）→4-5　しんらい	to trust in / tin tưởng	
		信号→6-3　しんごう	signal / tín hiệu	
		自信→1-1　じしん	confidence / tự tin	
		通信（する）　つうしん	to communicate / thông tin	
	9画　TÍN　faith			
2	込 こ-み / こ-む / （こ-める）	書き込む　かこ	to write / viết vào	
		〜込む　こ	to put 〜 in / 〜 vào (kĩ)	
		人込み　ひとご	crowd / đám đông	
	5画　VU　incorporate			
3	版 ハン	出版（する）　しゅっぱん	to publish / xuất bản	
	8画　PHẢN　plate; version			
4	著 （あらわ-す）/（いちじる-しい）/ チョ	著者　ちょしゃ	author / tác giả	
		著書　ちょしょ	one's books, one's writings / sách	
	11画　TRƯỚC　work			
5	編 あ-む / ヘン	編む　あ	to knit / đan	
		編み物　あ もの	knitted goods / đồ đan móc	
		編集（する）　へんしゅう	to edit / biên tập	
		編集者　へんしゅうしゃ	editor / người biên tập	
	15画　BIÊN　compile			
6	章 ショウ	文章　ぶんしょう	composition / đoạn văn	
		第1章　だい　しょう	Chapter 1 / chương 1	
	11画　CHƯƠNG　chapter; badge			
7	主 おも / ぬし / シュ	主（な）　おも	primary / chính	
		飼い主　か ぬし	pet owner / chủ nuôi	
		持ち主　も ぬし	owner / chủ	
		主語　しゅご	subject / chủ ngữ	
		主張（する）→9-3　しゅちょう	assertion, to assert / ý kiến	
		主義→4-5　しゅぎ	principle / chủ nghĩa	
	5画　CHỦ　primary			
8	述 の-べる / ジュツ	述べる　の	to state / nói	
		述語　じゅつご	predicate / vị ngữ	
		記述（する）　きじゅつ	to describe / viết	
	8画　THUẬT　explain			
9	詞 シ	名詞　めいし	noun / danh từ	
		動詞　どうし	verb / động từ	
		形容詞　けいようし	adjective / tính từ	
		助詞→9-5　じょし	postpositional particle / trợ từ	
		歌詞　かし	lyrics / ca từ	
	12画　TỪ　words			
10	机 つくえ	机　つくえ	desk / bàn	
	6画　KÝ　desk			

❶ 来週、この本の著者の講演会がある。　　　　　　a. ちょしゃ　　　b. ちょうしゃ

❷ 私の趣味は編み物です。　　　　　　　　　　　　a. あみぶつ　　　b. あみもの

❸ あの政治家の書いた本が出版されるそうだ。　　　a. しゅっぱん　　b. しゅっぴん

❹ この文章のテーマは何だと思いますか。　　　　　a. ぶんしょ　　　b. ぶんしょう

❺ 今回の失敗の主な原因は、私の不注意です。　　　a. おもな　　　　b. もっともな

UNIT
7
社会

❶ この＿＿を講演会会場に運んでください。　　　a. 机　　　b. 枝　　　c. 枚

❷ 兄は雑誌の＿＿集をしています。　　　　　　　a. 辺　　　b. 変　　　c. 編

❸ 映画を見た感想を＿＿べていただけますか。　　a. 伸　　　b. 述　　　c. 延

❹ 「赤い」や「静かな」は形容＿＿である。　　　a. 誌　　　b. 詞　　　c. 紙

❺ いい資料をつくる自＿＿がある。　　　　　　　a. 真　　　b. 心　　　c. 信

れい　天気がいいから、（ⓐ公園　b. 道路）に行きましょう。　　　　　こうえん

❶ ここに駐車してある車の（a. 飼い主　b. 持ち主）はだれですか。　　　＿＿＿＿＿＿＿

❷ 電波が弱くてデータ（a. 通信　b. 信号）に時間がかかる。　　　　　　＿＿＿＿＿＿＿

❸ 彼は、自分は犯人ではないと（a. 主張　b. 主義）している。　　　　　＿＿＿＿＿＿＿

❹ 周りの人から（a. 信頼　b. 人込み）される大人になりたい。　　　　　＿＿＿＿＿＿＿

❺ 日本語は「私が」のような（a. 述語　b. 主語）を略すことが多い。　　＿＿＿＿＿＿＿

5

健康管理
けんこうかんり

Health Care ／ Quản lí sức khỏe

/ 20

" The results of my checkup came, and I was told to see a medical institution. It seems like they'll need to re-examine my stomach."
"What? You should go right away. The earlier they detect and treat it, the better."

"Kết quả khám sức khỏe viết là "Hãy khám ở cơ quan y tế". Chắc mình phải kiểm tra lại dạ dày. "
"Ôi, thế cậu phải đi khám ngay. Phát hiện và chữa trị càng sớm càng tốt. "

	健	（すこ-やか）ケン	保健 ほけん	health preservation / sức khỏe
1				
11画	KIỆN		health	
2	康	コウ	健康 けんこう	health / sức khỏe
			健康的（な）けんこうてき	healthy / khỏe mạnh
11画	KHANG		tranquil	
3	診	み-る シン	診る み	to examine / khám
			診察（する）→9-3 しんさつ	to examine / khám bệnh
			健康診断→6-5 けんこうしんだん	checkup / khám sức khỏe
12画	CHẨN		inspect	
4	療	リョウ	医療 いりょう	health care / y tế
			治療（する）ちりょう	to treat / chữa trị
17画	LIỆU		treat	
5	胃	イ	胃 い	stomach / dạ dày
9画	VỊ		stomach	
6	再	ふたた-び サイ サ	再び ふたた	again / lại một lần nữa
			再検査（する）さいけんさ	to re-examine / khám lại
			再〜 さい	re〜 / 〜 lại
			再来週 さらいしゅう	week after next / tuần sau nữa
6画	TÁI		again	
7	治	（おさ-める）（おさ-まる）なお-る なお-す チ ジ	（〜が）治る なお	to recover from a disease / khỏi 〜
			（〜を）治す なお	to cure / chữa
			政治→7-1 せいじ	politics / chính trị
8画	TRỊ		rule; cure	

	塗	ぬ-る	塗る ぬ	to brush on, to plaster / bôi
8			塗り薬 ぬ ぐすり	ointment / thuốc bôi
13画	TRÀ		spread over	
9	包	つつ-む つつ-み ホウ	包む つつ	to wrap / đóng gói
			包み つつ	bundle / bọc
			包帯 ほうたい	bandage / băng vết thương
			包装（する）→8-4 ほうそう	to wrap / bọc
5画	BAO		wrap	
10	巻	ま-く まき カン	（包帯を）巻く ほうたい ま	to wrap (a bandage) / quấn (băng)
			第1巻 だい かん	Volume 1 / tập 1
9画	QUYỂN, QUYỆN		volume; roll	
11	臓	ゾウ	心臓 しんぞう	heart / tim
			内臓 ないぞう	organs / nội tạng
19画	TẠNG		organ	
12	脳	ノウ	脳 のう	brain / não
			頭脳→3-6 ずのう	brain / đầu não
11画	NÃO		brain	
13	症	ショウ	症状→3-3 しょうじょう	symptom / bệnh trạng
			熱中症 ねっちゅうしょう	heatstroke, illness of 〜 / cảm nắng
10画	CHỨNG		symptom	

ドリル A　正しい読みをえらんでください。

1点×5

❶ 熱が下がらないなら、医者に診てもらったら？　　a. きて　　b. みて

❷ この薬を痛いところに塗ってください。　　a. はって　　b. ぬって

❸ 再びここに来ることになるなんて、想像もしなかった。　　a. またたび　　b. ふたたび

❹ 新聞紙に包んであるのは、今朝、庭でとれた野菜です。　　a. たたんで　　b. つつんで

❺ 薬が効いたのか、症状が軽くなった。　　a. せいじょう　　b. しょうじょう

ドリル B　正しい漢字をえらんでください。

1点×5

❶ 高度な医＿＿＿サービスを受けるには条件がある。　　a. 領　　b. 料　　c. 療

❷ どうぞ＿＿＿察室へお入りください。　　a. 信　　b. 親　　c. 診

❸ 中学時代、保＿＿＿室によく行った。　　a. 建　　b. 健　　c. 験

❹ 楽器の演奏は＿＿＿の働きを良くするらしい。　　a. 悩　　b. 能　　c. 脳

❺ ＿＿＿療法を変えてから、けがは急速に回復した。　　a. 治　　b. 払　　c. 防

ドリル C　正しいほうをえらんで、全部ひらがなで＿＿＿に書いてください。

1点×10

れい　天気がいいから、（ⓐ公園　b. 道路）に行きましょう。　　こうえん

❶ プレゼント用に（a. 包装して　b. 包帯して）ください。　　＿＿＿＿＿＿＿

❷ 食事のあとは（a. 熱中症　b. 胃）に負担がかかる。　　＿＿＿＿＿＿＿

❸ 胸のレントゲン写真で（a. 心臓　b. 頭脳）に異常が見つかった。　　＿＿＿＿＿＿＿

❹ この本の第1（a. 巻　b. 再）をやっと読み終えた。　　＿＿＿＿＿＿＿

❺ ずいぶん時間がかかったが、やっと病気が（a. 治した　b. 治った）。　　＿＿＿＿＿＿＿

まとめ問題 A

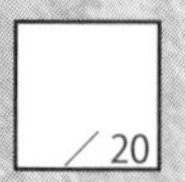

問題1 ＿＿＿＿の言葉の読み方として最もよいものを 1・2・3・4 から一つ選びなさい。

1 病気になると、健康の大切さに気づかされる。

  1 けんこう   2 けんごう   3 げんこう   4 げんごう

2 栄養が不足した分を薬で補うことは可能なのかな。

  1 かなう   2 おおう   3 まかなう   4 おぎなう

3 今日はこれで失礼しますが、また改めてお伺いします。

  1 あたためて   2 あらためて   3 あららめて   4 あたらめて

4 博物館の展示を見て、軍隊の歴史のことが分かった。

  1 うんたい   2 ぐんたい   3 うんだい   4 ぐんだい

5 今日の試合の観客数は、前回を上回ったそうだ。

  1 かみまわった   2 うわまわった   3 うんまわった   4 じょうまわった

6 あいさつは省いて、すぐ議論に入りましょう。

  1 おいて   2 ひいて   3 はぶいて   4 のぞいて

7 ペットについては、飼い主がすべて責任を持つべきだ。

  1 かいしゅ   2 かいあるじ   3 かいぬし   4 かいおも

問題2 ＿＿＿＿の言葉の書き方として最もよいものを 1・2・3・4 から一つ選びなさい。

1 この議員は、どのせいとうの人だっけ？

  1 制当   2 制度   3 政党   4 政堂

2 きれいな紙でほうそうしてもらうと、プレゼントらしく見える。

  1 放送   2 包送   3 放装   4 包装

3 先生が書かれた本は、来月しゅっぱんされるそうだ。

  1 出販   2 出版   3 主犯   4 主般

4 私の考えは、明日の会議できちんと<u>のべ</u>ます。

 1　伸べ   2　延べ   3　述べ   4　記べ

5 時間が<u>たつ</u>と、覚えていたこともあいまいになっていく。

 1　建つ   2　立つ   3　発つ   4　経つ

6 体の具合が悪いなら、医者に<u>みて</u>もらったほうがいいよ。

 1　観て   2　身て   3　診て   4　実て

7 来年<u>いこう</u>の予定については、こちらの表をご覧ください。

 1　移行   2　意向   3　以降   4　異候

問題3（　　　）に入れるのに最もよいものを1・2・3・4から一つ選びなさい。

1 セミナーの参加者を（　　　）募集してる。人が集まらなかったんだね。

 1　最   2　際   3　歳   4　再

2 去年の（　　　）委員長が、今年は委員長に選ばれた。

 1　服   2　副   3　福   4　複

3 この本の第三（　　　）を参考にしてレポートを書いた。

 1　賞   2　章   3　省   4　相

問題4（　　　）に入れるのに最もよいものを1・2・3・4から一つ選びなさい。

1 こんなに早くけがが（　　　　　）とは思わなかった。

 1　治る   2　解く   3　争う   4　要る

2 住民はだれでも、収入に応じて（　　　　　）を払わなくてはいけない。

 1　損   2　机   3　税   4　境

3 寒いときには、首にスカーフやマフラーを（　　　　　）と暖かくなるよ。

 1　編む   2　昇る   3　包む   4　巻く

まとめ問題 B

/30

問題 次の文を読んで、質問に答えなさい。

友人の①出版記念パーティーに出るため外出した。久しぶりの都会はどこに行ってもすごい②人込みで、町のあちこちでスピーカーから③絶えず何かの案内が放送されていた。駅前では、④政治家がマイクを持って⑤法律の⑥改正や国民の⑦権利について話していた。寝不足のせいか、歩いているうちに頭痛がしてきたが、会場に着くと⑧治った。⑨症状がひどくならなくてよかった。パーティーのスピーチで、友人は出版をめぐる面白い出来事を紹介しながら、出席者に感謝を⑩述べた。⑪相変わらず話が上手だった。次はある偉大な人物について書くそうだ。どんな内容の⑫著書になるのか、今から楽しみだ。

問1 ①〜⑫の漢字をひらがなにして、＿＿＿を全部ひらがなで書きなさい。　（2点×12＝24点）

①	②	③
④	⑤	⑥
⑦	⑧	⑨
⑩	⑪	⑫

問2 文の内容と合うものに○、合わないものに×をつけなさい。　（3点×2＝6点）

a. （　　　）筆者が訪ねた都会の町は、とてもうるさかった。

b. （　　　）筆者は、友人が新しい本を出したことを祝うパーティーに出席した。

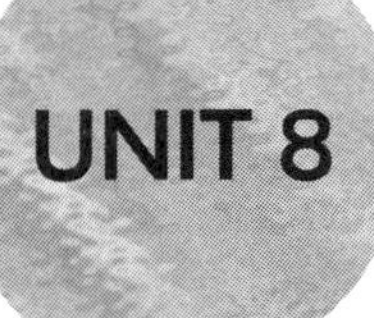

UNIT 8

科学
かがく
Science
Khoa học

1

宇宙
うちゅう

Space／Vũ trụ

/ 20

あの山の**頂**上に、最新型の**望**遠鏡が**置**かれるんだって。**星**はどんなふうに見えるのかな。

見てみたいね。私、子供のころ**宇宙**飛行士になりたかったの。**宇宙**から地**球**が見えたら最高だな。

"I heard they're going to put a newest-model telescope at the top of that mountain. I wonder what the stars will look like through it."
"I'd like to see that. I wanted to become an astronaut when I was a child. It would be amazing to see the Earth from space."

"Trên đỉnh núi kia nghe nói có đặt kính viễn vọng đời mới nhất. Không biết các vì sao trông ra sao nhỉ?"
"Mình muốn được xem quá. Hồi bé mình ước trở thành nhà du hành vũ trụ. Được nhìn thấy trái đất từ vũ trụ thì còn gì bằng nhỉ."

#	漢字	読み	語例	意味
1	宇	ウ	宇宙（うちゅう）	space / vũ trụ
	6画 VŨ			space
2	宙	チュウ	宇宙飛行士（うちゅうひこうし）→4-3	astronaut / nhà du hành vũ trụ
	8画 TRỤ			air
3	頂	いただ-く / チョウ	頂く（いただ）	to receive [humble] / nhận
			頂上（ちょうじょう）	summit / đỉnh
			頂点（ちょうてん）	apex / đỉnh
	11画 ĐỈNH, ĐINH			apex
4	望	のぞ-む / のぞ-み / ボウ	望む（のぞ）	to desire / mong
			望み（のぞ）	desire / niềm mong đợi
			希望（きぼう）	hope / hy vọng
			望遠鏡（ぼうえんきょう）	telescope / kính viễn vọng
	11画 VỌNG			hope
5	置	お-く / チ	置き場（おば）	depository / chỗ để
			位置（いち）	location / vị trí
	13画 TRÍ			put, placement
6	星	ほし（セイ）	星（ほし）	star / ngôi sao
	9画 TINH			star
7	球	（たま）キュウ	地球（ちきゅう）	earth / trái đất
			電球（でんきゅう）	lightbulb / bóng điện
			野球場（やきゅうじょう）	baseball field / sân bóng chày
	11画 CẦU			sphere
8	曇	くも-る / くも-り	曇る（くも）	to become cloudy / trời mây
			曇り（くも）	cloudy / trời mây
	16画 ĐÀM			cloudiness
9	晴	は-れる / は-れ / セイ	晴れる（は）	to become clear / trời nắng
			晴れ（は）	clear / trời nắng
			晴天（せいてん）	fine weather / trời nắng
			快晴（かいせい）	good weather / trời quang mây
	12画 TÌNH			clear (weather)
10	陽	ヨウ	陽気（な）（ようき）	cheerful / tươi tắn
			太陽（たいよう）	sun / mặt trời
	12画 DƯƠNG			positive; sunlight
11	丸	まる-い / まる	丸い（まる）	round / tròn
			丸（まる）	circle / hình tròn
	3画 HOÀN			round
12	極	（きわ-める）キョク	北極（ほっきょく）	North Pole / bắc cực
			南極（なんきょく）	South Pole / nam cực
			積極的（な）（せっきょくてき）→8-4	positive / một cách tích cực
			消極的（な）（しょうきょくてき）	negative / một cách tiêu cực
	12画 CỰC			extreme
13	命	いのち / メイ（ミョウ）	命（いのち）	life / sinh mạng
			命令（する）（めいれい）→6-1	to order / ra lệnh
			生命（せいめい）	life / sinh mạng
	8画 MỆNH			life

| ドリル　A | 正しい読みをえらんでください。 | 1点×5 |

❶ <u>太陽</u>の<u>光</u>を<u>浴</u>びると、<u>健康</u>にいい。　　a. たいよう　　b. だいよう

❷ この<u>部屋</u>、<u>暗</u>いね。<u>電球</u>が<u>古</u>いのかな。　　a. でんき　　b. でんきゅう

❸ <u>南極</u>にはペンギンなどの<u>生</u>き<u>物</u>もいます。　　a なんごく　　b. なんきょく

❹ このロボットはどんな<u>命令</u>でも<u>理解</u>する。　　a. めいれい　　b. めんれい

❺ <u>世界中</u>が<u>平和</u>を<u>望</u>んでいる。　　a. のぞんで　　b. まなんで

| ドリル　B | 正しい漢字をえらんでください。 | 1点×5 |

❶ <u>西</u>の<u>空</u>に、<u>特</u>に<u>明</u>るい＿＿が<u>見</u>える。　　a. 宙　　b. 星　　c. 曇
（ほし）

❷ <u>人</u>の＿＿は、<u>何</u>よりも<u>重</u>い。　　a. 命　　b. 含　　c. 令
（いのち）

❸ ＿＿<u>宙</u>についてのテレビ<u>番組</u>を<u>見</u>た。　　a. 字　　b. 守　　c. 宇
（う）

❹ <u>正</u>しいものに＿＿をつけてください。　　a. 又　　b. 刃　　c. 丸
（まる）

❺ <u>飛行機</u>の<u>席</u>は、<u>窓側</u>を<u>希</u>＿＿します。　　a. 忙　　b. 貿　　c. 望
（ぼう）

| ドリル　C | 正しいほうをえらんで、全部ひらがなで＿＿に書いてください。 | 1点× 10 |

れい　<u>天気</u>がいいから、（ a.<u>公園</u>　b.<u>道路</u>）に<u>行</u>きましょう。　　こうえん

❶ <u>青</u>くてきれいな<u>空</u>！<u>今日</u>は（ a. 生命　b. 快晴 ）だね。　　＿＿＿＿＿＿

❷ どんどん（ a. 積極的　b. 消極的 ）に<u>意見</u>を<u>出</u>してください。　　＿＿＿＿＿＿

❸ <u>急</u>に<u>空</u>が（ a. 曇って　b. 晴れて ）<u>明</u>るくなってきた。　　＿＿＿＿＿＿

❹ （ a. 地球　b. 野球 ）<u>上</u>で<u>一番美</u>しい<u>場所</u>はどこだろう。　　＿＿＿＿＿＿

❺ <u>自分</u>が<u>今</u>いる（ a. 陽気　b. 位置 ）を<u>地図</u>で<u>確認</u>しよう。　　＿＿＿＿＿＿

化学
<ruby>か<rt></rt></ruby><ruby>がく<rt></rt></ruby>

Chemistry／Hóa học

／20

この**液体**には何が**含**まれているのかな。

水を**蒸発**させたら、**溶**けている**物質**が**固体**になって出て来るかもしれないよ。

"I wonder what's in this liquid."
"If you let the water evaporate, whatever substance is dissolved in it may turn solid and come out."

" Chất lỏng này có chứa gì không biết. "
"Nếu cho nước bốc hơi thì chắc vật chất hòa tan trong này sẽ thành thể rắn và sẽ nhìn thấy được đấy."

1	液 エキ	液体 えきたい	liquid thể lỏng	
		血液 けつえき	blood máu	
11画	DỊCH	liquid		
2	含 ふく-む ふく-める	含む ふく	to include gồm	
		含める ふく	include bao gồm	
7画	HÀM	include		
3	蒸 む-す ジョウ	蒸す む	to steam hấp	
		蒸し暑い む あつ	muggy oi nóng	
		蒸発(する) じょうはつ	to evaporate bốc hơi	
		蒸気 じょうき	vapor hơi nước	
13画	CHƯNG	steam		
4	溶 と-ける と-かす と-く ヨウ	(〜が)溶ける と	to melt ~ tan	
		(〜を)溶かす と	to melt hòa tan ~	
		溶岩 ようがん	lava nham thạch	
13画	DUNG	dissolve		
5	質 シツ	質 しつ	quality chất lượng	
		物質 ぶっしつ	matter vật chất	
		性質 せいしつ	nature tính chất	
15画	CHẤT	quality		
6	固 かた-い かた-まる かた-める コ	(〜が)固まる かた	to harden ~ cứng lại	
		固い かた	hard cứng	
		固形 こけい	solid cục	
		固体 こたい	solid thể rắn	

8画	CỐ	固定(する) こてい	to fix cố định	
		hard; fixed		
7	量 リョウ	量 りょう	amount lượng	
		数量 →8-5 すうりょう	quantity số lượng	
		音量 おんりょう	volume âm lượng	
		分量 ぶんりょう	quantity lượng	
		同量 →1-5 どうりょう	equal amount đồng lượng	
12画	LƯỢNG	amount		
8	均 キン	均一(な) きんいつ	uniform đồng nhất	
		平均(する) へいきん	to average bình quân	
7画	QUÂN	flat		
9	鈍 にぶ-い (ドン)	鈍い にぶ	dull chậm chạp, cùn	
12画	ĐỘN	dull		
10	鋭 するど-い	鋭い するど	sharp sắc	
15画	DUỆ	sharp		
11	純 ジュン	純粋(な) じゅんすい	pure trong sáng, thuần khiết	
		単純(な) →9-2 たんじゅん	simple đơn thuần	
		⇔複雑(な)→5-1 ふくざつ	complicated phức tạp	
10画	THUẦN	pure		
12	測 はか-る ソク	測る はか	to measure đo	
		測定(する) そくてい	to measure đo đạc	
		予測(する) よそく	to estimate dự đoán	
12画	TRẮC	measure		

ドリル A　正しい読みをえらんでください。

1点×5

❶ パソコンの画面が固まって動かない。　　a. こまって　　b. かたまって

❷ 血液検査をするので、こちらへ来てください。　　a. けつえき　　b. けついき

❸ アイスクリームが溶けちゃうよ。　　a こけ　　b. とけ

❹ 今月は平均気温が 30 度を超えている。　　a. へいけん　　b. へいきん

❺ ガスコンロの上のなべから蒸気が出ている。　　a. じょうき　　b. じょき

ドリル B　正しい漢字をえらんでください。

1点×5

❶ 今年の夏は特に＿＿し暑い。
む
　　a. 然　　b. 無　　c. 蒸

❷ 肌の水分量を＿＿定してもらった。
そく　てい
　　a. 側　　b. 測　　c. 則

❸ 年をとると、味の感じ方が＿＿くなる。
にぶ
　　a. 遅　　b. 鈍　　c. 鋭

❹ 地震に備えて、家具を＿＿定した。
こ　てい
　　a. 個　　b. 固　　c. 団

❺ 単＿＿な計算ミスをしてしまった。
じゅん　けいさん
　　a. 純　　b. 逆　　c. 鈍

ドリル C　正しいほうをえらんで、全部ひらがなで＿＿に書いてください。

1点×10

れい　天気がいいから、（ⓐ公園　b. 道路 ）に行きましょう。　　こうえん

❶ プラスチックは熱で柔らかくなる（ a. 性質　b. 分量 ）を持つ。　　＿＿＿＿＿＿

❷ 旅行代金はホテル代も（ a. 含めて　b. 測って ）4万円です。　　＿＿＿＿＿＿

❸ この店のサービスは（ a. 量　b. 質 ）が高い。　　＿＿＿＿＿＿

❹ 何かの（ a. 液体　b. 固体 ）がこぼれて、床がぬれている。　　＿＿＿＿＿＿

❺ 彼は頭がいい。いつも（ a. 鋭い　b. 鈍い ）意見を言う。　　＿＿＿＿＿＿

物理学
ぶつりがく

Physics／Vật lí

壁を押すと、壁からも押されたと感じるように、何かに**力**を**加**えると、必ず同じ**大**きさで逆**向**きの力が返されます。この二つの力の関係を、**作**用・反**作**用の関係といいます。

Just as it feels like a wall pushes you back when you push on a wall, applying a force to something will always cause a force of an equal magnitude to be applied in the opposite direction. The relationship between these two forces is known as the relationship between action and reaction.

Nếu tác động lực vào vật nào đó sẽ có lực ngược trở lại đúng bằng như vậy giống như khi đẩy vào tường và cảm thấy như tường cũng đẩy lại. Quan hệ giữa hai lực này gọi là động lực và phản lực.

1	力 ちから／リョク	力 ちから	strength	lực
		火力 かりょく	firepower	hỏa lực
		重力 じゅうりょく →3-5	gravity	trọng lực
	2画 LỰC	power		
2	加 くわ-える／くわ-わる／カ	(〜を)加える くわ	to add	thêm vào 〜
		(〜が)加わる くわ	to add	〜 được thêm vào
		加熱(する) かねつ	to heat	đun sôi
		追加(する) ついか	to add	thêm vào
		増加(する) ぞうか →9-1	to increase	tăng lên
	5画 GIA	add		
3	向 む-く／む-ける／む-かう／む-こう／コウ	向き む	direction	hướng
		逆向き ぎゃくむ →2-4	opposite direction	ngược hướng
		方向 ほうこう	direction	phương hướng
	6画 HƯỚNG	face		
4	必 かなら-ず／ヒツ	必ず かなら	without exception	chắc chắn
		必要(な) ひつよう →7-2	required	cần thiết
		必死(な) ひっし	desperate	cố hết sức
	5画 TẤT	necessary		
5	作 つく-る／つく-り／サク／サ	手作り てづく	handmade	làm bằng tay
		作品 さくひん	work	tác phẩm
		作業(する) さぎょう	to operate	làm việc
		作用(する) さよう	to affect	tác dụng

6	引 ひ-く／ひ-き／イン	動作 どうさ	action	động tác
	7画 TÁC	work		
		引く ひ	to pull	kéo
		⇔押す お		push／đẩy
		引退(する) いんたい	to retire	từ giã, giải nghệ
		引用(する) いんよう	to cite	trích dẫn
		強引(な) ごういん →6-4	aggressive, forcible	ép
	4画 DẪN	pull		
7	圧 アツ	圧力 あつりょく	pressure	áp lực
		血圧 けつあつ	blood pressure	huyết áp
	5画 ÁP	pressure		
8	離 はな-れる／はな-す／リ	(〜が)離れる はな	to be separated from	〜 xa
		(〜を)離す はな	to separate	tách rời 〜
		離婚(する) りこん	to divorce	li hôn
		距離 きょり	distance	cự li
	19画 LI	part; leave		
9	秒 ビョウ	秒 びょう	seconds	giây
	9画 MIỂU	second		
10	偶 グウ	偶然 ぐうぜん →5-3	coincidence	tình cờ
		偶数 ぐうすう →8-5	even number	số chẵn
	11画 NGẪU	rare		
11	了 リョウ	終了(する) しゅうりょう	to finish	kết thúc
		完了(する) かんりょう	to complete	hoàn thành
	2画 LIỆU	finish		

❶ 3に6を加えると、9になる。　　　　　　　a. そなえる　　　b. くわえる

❷ 当日までに必ず連絡します。　　　　　　　a. かららず　　　b. かならず

❸ 月は地球から少しずつ離れているそうだ。　a はなれて　　　b. はずれて

❹ このガスコンロは火力が強くて料理がしやすい。　a. かりく　　　b. かりょく

❺ ちゃんと相談した？　強引な決め方はよくないよ。　a. ごういん　　　b. ごうひん

❶ 体の＿＿を抜いてください。　　　　　a. 万　　　b. 方　　　c. 力
　　　ちから

❷ ＿＿死に走ってやっと間に合った。　　a. 必　　　b. 心　　　c. 比
　ひっ

❸ あと30＿＿、待ってください。　　　a. 秒　　　b. 税　　　c. 程
　　　びょう

❹ 会議は2時間ほどで終＿＿した。　　　a. 予　　　b. 了　　　c. 丁
　　　　　　　　　　　りょう

❺ 毎朝、血＿＿を測定しています。　　　a. 圧　　　b. 厚　　　c. 在
　　　　あつ

れい　天気がいいから、（ⓐ公園　b. 道路）に行きましょう。　　　こうえん

❶ 工場ではさまざまな（a. 作品　b. 作業）が行われている。　　　＿＿＿＿＿＿＿

❷ 町で（a. 偶然　b. 偶数）、先生に会った。　　　＿＿＿＿＿＿＿

❸ そのホテル、空港からの（a. 距離　b. 向き）は何キロぐらい？　　　＿＿＿＿＿＿＿

❹ 大好きだった映画スターが（a. 追加　b. 引退）して悲しい。　　　＿＿＿＿＿＿＿

❺ 南の（a. 方向　b. 重力）にあと2キロ歩くと海だ。　　　＿＿＿＿＿＿＿

実験
じっけん

Experiments／Thí nghiệm

水に**浮**くものと、**沈**むものを見分けられる？
みず　う　　　　　しず　　　　　　み わ

体積のわりに軽いものが**浮**くと思うけど、
たいせき　　　　　かる　　　　　う

判断は難しいなあ。へえ。玉ねぎは**浮**くんだ。
はんだん　むずか　　　　　　　たま　　　　う

"Can you tell by sight which objects will float and which will sink?"
"I think that things that are light given their volume will float, but it's hard to tell. Huh. So onions float."

"Cậu có phân biệt được vật nổi và chìm trong nước không?"
"To mà nhẹ thì vcaanx nổi nhưng cũng khó đoán lắm. Ồ… Hành tay nổi à. "

1	浮	う-く／う-かぶ／う-かべる（フ）	（〜が）浮く う	to float ~ nổi
			（〜が）浮かぶ う	to float ~ nổi lên
			（〜を）浮かべる う	to float làm cho ~ nổi
10画	PHÙ		float	

2	沈	しず-む／しず-める（チン）	（〜が）沈む しず	to sink ~ chìm
			（〜を）沈める しず	tp sink nhấn chìm ~
7画	THẨM		sink	

3	積	つ-む／つ-もる／セキ	（〜を）積む つ	to accumulate chồng chất ~ lên
			（〜が）積もる つ	to accumulate ~ tích
			体積 たいせき	volume thể tích
			面積 →2-4 めんせき	area diện tích
			容積 ようせき	capacity dung tích
			積極的（な）→8-1 せっきょくてき	active một cách tích cực
16画	TÍCH		accumulate	

4	判	ハン	判断（する）→6-5 はんだん	to judge phán đoán
			評判 →9-4 ひょうばん	reputation đánh giá
			裁判 さいばん	court trial toàn án
7画	PHÁN		split	

5	滴	テキ	水滴 すいてき	drop of water giọt nước
			1滴 てき	1 drop 1 giọt
14画	CHÍCH, TÍCH		drop	

6	仮	（かり）カ	仮定（する） かてい	to hypothesize giả định
			平仮名 ひらがな	Hiragana Hiragana
6画	GIẢ		temporary	

7	較	カク	比較（する） ひかく	to compare so sánh
			比較的 ひかくてき	comparatively khá là ~
13画	GIÁC		compare	

8	途	ト	途中 とちゅう	mid-way giữ chừng
			用途 ようと	application cách dùng
10画	ĐỒ		path; method	

9	程	（ほど）テイ	程度 →2-1 ていど	extent mức độ
			過程 かてい	process quá trình
			日程 にってい	day's schedule lịch trình
12画	TRÌNH		degree	

10	余	あま-る／あま-り／ヨ	余る あま	to remain thừa
			余り あま	remainder hơn
			余分（な） よぶん	excess chỗ thừa
7画	DƯ		excess	

11	装	ソウ	装置 →8-1 そうち	equipment thiết bị
			服装 ふくそう	attire, dress quần áo
12画	TRANG		adorn	

12	換	か-える／カン	換気（する） かんき	to ventilate thông khí
			交換（する）→6-3 こうかん	to exchange trao đổi
12画	HOÁN		exchange	

/20

❶ 旅行の日程を決めよう。　　　　　　　　　　a. にってい　　　b. にっぽう

❷ 彼女は目に涙を浮かべていた。　　　　　　　a. ふかべて　　　b. うかべて

❸ それ、少し余分に買っておいて。　　　　　　a. ようぶん　　　b. よぶん

❹ 痛みの程度によって治療法も変わる。　　　　a. ていど　　　　b. こうど

❺ この映画、世界中で評判になってるね。　　　a. へいばん　　　b. ひょうばん

❶ 資金は十分あると＿＿定してみよう。　　　a. 仮　　　b. 過　　　c. 課

❷ スープは最後の一＿＿まで飲まなきゃ。　　a. 敵　　　b. 適　　　c. 滴

❸ 実験＿＿置の問題で、データがとれない。　a. 装　　　b. 袋　　　c. 製

❹ 部品を交＿＿する必要があるそうだ。　　　a. 代　　　b. 換　　　c. 替

❺ 実験をして、液体の性質を比＿＿した。　　a. 確　　　b. 格　　　c. 較

[れい] 天気がいいから、（ⓐ.公園　b. 道路）に行きましょう。　　　　こうえん

❶ 病院に行く（a. 途中　b. 過程）で忘れ物に気づいた。　　　　＿＿＿＿＿＿

❷ この写真、人が空に（a. 浮いて　b. 沈んで）いるみたい。　　　＿＿＿＿＿＿

❸ 明日のパーティーはどんな（a. 用途　b. 服装）で行けばいいかな。　＿＿＿＿＿＿

❹ この畑の（a. 容積　b. 面積）は何平方メートルですか。　　　　＿＿＿＿＿＿

❺ ずいぶん雪が降ったね。どのぐらい（a. 余った　b. 積もった）？　＿＿＿＿＿＿

UNIT
8
科学

5

数学
すうがく

Mathematics／Toán học

/20

"I'm bad at this kind of thing. 'Draw a line so that the two areas are equal.' What do you think, Lisa-san?"
" I was good at math. I love diagram questions like that, and I can do most calculations in my head."

"Tớ kém cái này lắm. "Hãy kẻ đường thẳng để hai diện tích bằng nhau. Lisa thì sao?"
"Tớ thì khá toán. Bìa có hình như thế này tớ rất thích, tính toán cũng làm bằng tính nhẩm. "

1	等	ひと-しい / など / トウ	等しい（ひと）	identical / bằng nhau
			〜等（など／とう）	etc. / vân vân
			平等（な）（びょうどう）	equal / bình đẳng
12画	ĐẲNG		class; and so on	

2	数	かぞ-える / かず / スウ	数（かず／すう）	number / số
			数える（かぞ）	to count / đếm
			分数（ぶんすう）	fraction / phân số
			人数（にんずう）	number of people / số người
13画	SỐ		number	

3	図	（はか-る） / ズ / ト	図形（ずけい）	diagram / hình vẽ
			図表（ず ひょう）	chart / bảng biểu
			合図（あい ず）	sign / tín hiệu
			図書（と しょ）	books / sách
7画	ĐỒ		drawing	

4	計	はか-る / ケイ	計算（する）（けいさん）	to calculate / tính toán
			計画（する）（けいかく）	to plan / kế hoạch
			計20人（けい にん）	20 people in total / tổng 20 người
			合計（する）（ごうけい）	to total / tổng
9画	KẾ		measure	

5	暗	くら-い / アン	暗記（する）（あん き）	to memorize / ghi nhớ
			暗算（する）（あんざん）	to calculate mentally / tính nhẩm
13画	ÁM		dark	

6	割	わ-る / わり / わ-れる / カツ	割合（わりあい）	proportion / phần trăm
			割引 →8-3（わりびき）	discount / tỉ lệ
			役割（やくわり）	role / vai trò
			分割（する）（ぶんかつ）	to divide / phân đoạn
12画	CÁT		split; proportion	

7	確	たし-かめる / たし-か / カク	確か（な）（たし）	sure / chính xác
			確か（たし）	sure / có lẽ
			確かめる（たし）	ascertain / Xác nhận
			確実（な）（かくじつ）	certain / chắc chắn
			明確（な）→9-3（めいかく）	definite / rõ ràng
			的確（な）（てきかく）	precise / chính xác
15画	XÁC		certain	

8	正	ただ-しい / ただ-す / セイ / ショウ	正確（な）（せいかく）	accurate / chính xác
			正方形（せいほうけい）	square / hình vuông
			正式（な）（せいしき）	formal / chính thức
			正解（せいかい）	right answer / đáp án đúng
			正直（な）（しょうじき）	honest / thẳng thắn
5画	CHÍNH		right	

9	算	サン	予算（よ さん）	budget / ngân sách, dự toán
			足し算（た ざん）	addition / phép cộng
			引き算 →8-3（ひ ざん）	subtraction / phép trừ
14画	TOÁN		calculation	

ドリル A　正しい読みをえらんでください。 1点×5

❶ 答えは分数で書いてください。　　　　　　　　　　a. ふんすう　　　b. ぶんすう

❷ この図形って、正方形かな？　　　　　　　　　　　a. ずけい　　　　b. ずうけい

❸ 参加者の男女の割合は、3対2だ。　　　　　　　　a. わりごう　　　b. わりあい

❹ だれがやったのですか。正直に答えなさい。　　　　a. せいちょく　　b. しょうじき

❺ 男女平等な社会を作るには、政府の努力も必要だ。　a. べいどう　　　b. びょうどう

ドリル B　正しい漢字をえらんでください。 1点×5

❶ スピーチで話す内容を＿＿記しなきゃ。　　　　a. 明　　　b. 暗　　　c. 晴
　　　　　　　　　　あん

❷ 電気代は1年間でいくら？　計＿＿してみて。　a. 算　　　b. 賛　　　c. 参
　　　　　　　　　　　　　　　　さん

❸ この問題の＿＿解を教えてください。　　　　　a. 生　　　b. 世　　　c. 正
　　　　　　せい

❹ 肉、魚、野菜＿＿の食品を売っている。　　　　a. 第　　　b. 等　　　c. 算
　　　　　　　など

❺ 千円札が何枚あるか＿＿えてください。　　　　a. 教　　　b. 類　　　c. 数
　　　　　　　　　　かぞ

ドリル C　正しいほうをえらんで、全部ひらがなで＿＿に書いてください。 1点×10

[れい] 天気がいいから、（ⓐ.公園　b. 道路 ）に行きましょう。　　　こうえん

❶ 工事は3日で終わる（a. 確認　b. 計画 ）だったが、少し延びそうだ。　＿＿＿＿＿＿

❷ ありがとうございます。お申し込みを（a. 確か　b. 確かに ）承りました。　＿＿＿＿＿＿

❸ 四つの辺の長さが（a. 等しい　b. 正確な ）四角形を正方形という。　＿＿＿＿＿＿

❹ 芸術には人の心を豊かにする（a. 割引　b. 役割 ）があると思う。　＿＿＿＿＿＿

❺ （a. 引き算　b. 足し算 ）してみてよ。25＋8は33でしょ？　＿＿＿＿＿＿

まとめ問題 A

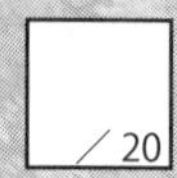

問題1 ＿＿＿の言葉の読み方として最もよいものを1・2・3・4から一つ選びなさい。

1 実験の結果は、正確に記録しなくてはいけない。

1 せいかい　　　2 しょうかい　　　3 せいかく　　　4 しょうかく

2 観察を続けたところ、AとBの数値が等しくなった。

1 きびしく　　　2 くわしく　　　3 はげしく　　　4 ひとしく

3 細かい動作もできるロボットが普及してきている。

1 どうさく　　　2 どうさ　　　3 とうさく　　　4 とうさ

4 山の頂上まで登れば、きっと海が見えるよ。

1 ちょじょう　　　2 ちょうじょう　　　3 しょうじょう　　　4 しょじょう

5 新しいメンバーが加わって、サークルの雰囲気が良くなった。

1 かわって　　　2 くわって　　　3 くわわって　　　4 かかわって

6 時間は、どんな人にも平等に与えられている。

1 びょうどう　　　2 へいどう　　　3 びょうとう　　　4 へいとう

7 どんな病気が流行するか、予測することは可能だろうか。

1 よそう　　　2 よほう　　　3 よこく　　　4 よそく

問題2 ＿＿＿の言葉の書き方として最もよいものを1・2・3・4から一つ選びなさい。

1 パンにバターを塗ったら、すぐにとけた。

1 解けた　　　2 説けた　　　3 溶けた　　　4 灯けた

2 指示を待つだけでなく、自分ではんだんすることも必要だ。

1 判段　　　2 反段　　　3 判断　　　4 反断

3 ただ行ってみたいという、たんじゅんな理由でアマゾンに旅行に行った。

1 単順　　　2 単純　　　3 短順　　　4 短純

4 旅行代金は、1日目の昼食代もふくんでいます。

　　1　望んで　　　　　　2　沈んで　　　　　　3　積んで　　　　　　4　含んで

5 まず、体温をはかってください。

　　1　曇って　　　　　　2　測って　　　　　　3　守って　　　　　　4　余って

6 入口からはなれた席に座った。

　　1　離れた　　　　　　2　離なれた　　　　　　3　放れた　　　　　　4　放なれた

7 お支払いはカードですね。ぶんかつ払いもできますが、どうなさいますか。

　　1　部活　　　　　　2　部割　　　　　　3　分活　　　　　　4　分割

問題3 （　　　　）に入れるのに最もよいものを1・2・3・4から一つ選びなさい。

1 彼なら、100メートルを11（　　　）くらいで走れるかもしれない。

　　1　秒　　　　　　2　程　　　　　　3　料　　　　　　4　税

2 この牧場では、牛、馬、豚（　　　）の動物が見られる。

　　1　第　　　　　　2　算　　　　　　3　等　　　　　　4　筆

3 この目薬は、片方の目に1回1（　　　）だけで十分です。

　　1　敵　　　　　　2　適　　　　　　3　摘　　　　　　4　滴

問題4 （　　　　）に入れるのに最もよいものを1・2・3・4から一つ選びなさい。

1 これだけだと量が足りないから、料理を少し（　　　　　）しよう。

　　1　合計　　　　　　2　追加　　　　　　3　仮定　　　　　　4　引退

2 （　　　　　）に言って、この仕事をするのに疲れました。

　　1　正直　　　　　　2　余分　　　　　　3　陽気　　　　　　4　必要

3 部屋を（　　　　　）すると、いやなにおいがしなくなった。

　　1　加熱　　　　　　2　固定　　　　　　3　換気　　　　　　4　蒸発

まとめ問題 B

／30

問題 次の文を読んで、質問に答えなさい。

①蒸し暑いと、体の中の熱を外へ逃がすための汗が出にくくなり、体にも悪い。上手に汗がかけるよう、夏は、②比較的涼しい朝や夕方に③積極的に運動しよう。ジョギングは動きやすい④服装で短い⑤距離から始めればよい。話ができる⑥程度の一定した速度で走るのが効果的だ。⑦途中で水分をとることも忘れずに。走った後は、⑧必ず体のあちこちを軽く伸ばしておくこと。後で体が痛くなるのを予防できる。運動は⑨量より⑩質で、一度にたくさん運動するより定期的に軽い運動をしたほうがよい。また、⑪血圧が高めの人は、毎日の⑫測定を習慣づけると安心だ。

問1 ①～⑫の漢字をひらがなにして、______を全部ひらがなで書きなさい。　（2点×12＝24点）

①	②	③
④	⑤	⑥
⑦	⑧	⑨
⑩	⑪	⑫

問2 文の内容と合うものに〇、合わないものに×をつけなさい。　（3点×2＝6点）

a.（　　　　）夏は、汗をかきすぎるとよくないので、あまり運動しない方がいい。

b.（　　　　）この文章では、上手にやせるための運動について述べている。

UNIT 9　学問・研究
がくもん・けんきゅう
Academia / Research
Học vấn, nghiên cứu

1

統計
とうけい

Statistics／Thống kê

世界の人口がもうすぐ 100 **億**人を**超**えそうなんだってね。
せかい　じんこう　　　　　　　　おくにん　こ

日本の人口は**減少傾**向でも、世界的には**増**加してるんだね。若者の**占**める割合はどれくらいなんだろう？
にほん　じんこう　げんしょうけいこう　　せかいてき　　ぞうか　　　　　わかもの　し　わりあい

"So the world population is about to exceed 10 billion people."
"Even though the population of Japan is trending downward, it's growing globally. I wonder what proportion of that is young people?"

"Nghe nói dân số thế giới sắp hơn 10 tỷ dân đấy."
"Dân số Nhật có khuynh hướng giảm thì thế giới vẫn tăng nhỉ. Không biết tỉ lệ người trẻ là bao nhiêu?"

1	億	オク	〜億（おく）	〜100 millions / trăm triệu
15画 ÚC			100 million	
2	超	こ-える / こ-す / チョウ	超える（こ）	to exceed / vượt qua
			超す（こ）	to surpass / vượt
			超過（ちょうか）(する)	to exceed / quá
12画 SIÊU			excess	
3	減	へ-る / へ-らす / ゲン	（〜が）減る（へ）	to decrease / 〜 giảm
			（〜を）減らす（へ）	to decrease / cắt giảm 〜
			減少（げんしょう）(する)	to decrease / giảm xuống
12画 GIẢM			decrease	
4	傾	かたむ-く / かたむ-ける / ケイ	（〜が）傾く（かたむ）	to tilt / 〜 nghiêng
			（〜を）傾ける（かたむ）	to tilt / hướng 〜
			傾向（けいこう）→8-3	tendency / khuynh hướng
13画 KHUYNH			trend	
5	増	ま-す / ふ-える / ふ-やす / ゾウ	（〜が）増える（ふ）	increase / 〜 tăng
			（〜を）増やす（ふ）	increase / tăng 〜 lên
			増加（ぞうか）(する) →8-3	to increase / tăng lên
14画 TĂNG			increase	
6	占	し-める / うらな-う / (セン)	占める（し）	occupy / chiếm
			占う（うらな）	divine / bói
5画 CHIẾM			fortune; occupy	
7	兆	(きざ-し) / チョウ	〜兆（ちょう）	〜 trillion / 1000 tỷ
6画 TRIỆU			sign; trillion	
8	率	(ひき-いる) / リツ / ソツ	確率（かくりつ）→8-5	probability / xác suất
			能率（のうりつ）→4-3	efficiency / năng suất
			合格率（ごうかくりつ）	pass rate / tỉ lệ đỗ
			率直（そっちょく）(な)	frank / thẳng thắn
11画 XUẤT			rate	
9	巨	キョ	巨大（きょだい）(な)	gigantic / khổng lồ
5画 CỰ			giant	
10	達	タツ	（〜に）達する（たっ）	to reach / đạt tới 〜
			発達（はったつ）(する)	to develop / phát triển
			上達（じょうたつ）(する)	to progress / tốt lên
			配達（はいたつ）(する)	to deliver / phát hàng
12画 ĐẠT			reach, arrive	
11	誤	あやま-る / ゴ	誤り（あやま）	mistake / nhầm lẫn
			誤解（ごかい）(する) →7-3	to misunderstand / hiểu lầm
14画 NGỘ			wrong; mistake	
12	続	つづ-く / つづ-ける / ゾク	手続き（てつづ）	procedure / thủ tục
			連続（れんぞく）(する) →6-1	to succeed / liên tục
			継続（けいぞく）(する)	to continue / tiếp tục
			接続（せつぞく）(する) →5-5	to connect / tiếp xúc
			相続（そうぞく）(する) →7-1	to inherit / thừa kế
13画 TỤC			continue	

❶ 音楽祭のために巨大な舞台が造られた。　　　a. きょだいな　　b. きょうだいな

❷ 参加者の8割を女性が占めている。　　　a. しめて　　b. しめして

❸ 地震によって家が傾いてしまった。　　　a. はぶいて　　b. かたむいて

❹ 図表のデータに誤りがあります。　　　a. あまり　　b. あやまり

❺ 被害総額は一千万円に達した。　　　a. たっした　　b. たした

❶ 手＿＿きは明日までに済ませてください。　　　a. 続　　b. 総　　c. 結

❷ 最近、観客の人数が＿＿加してきている。　　　a. 億　　b. 憎　　c. 増

❸ 試験の合格＿＿は30％程度だった。　　　a. 卒　　b. 傘　　c. 率

❹ 定員を＿＿える申し込みがあった。　　　a. 超　　b. 追　　c. 逃

❺ オリンピックの予算は約3＿＿円だそうだ。　　　a. 超　　b. 庁　　c. 兆

れい 天気がいいから、（ a.公園　b. 道路 ）に行きましょう。　　　こうえん

❶ 医療技術の（ a. 発達　b. 減少 ）で、多くの病気が治せるようになった。　＿＿＿＿＿

❷ インターネットの（ a. 連続　b. 接続 ）に問題が生じている。　＿＿＿＿＿

❸ 荷物の重さが20キロを（ a. 増加　b. 超過 ）すると、特別料金が発生します。

＿＿＿＿＿

❹ ぜひ（ a. 率直　b. 能率 ）なご意見をお聞かせください。　＿＿＿＿＿

❺ 緊張すると、話すスピードが速くなる（ a. 傾向　b. 確率 ）がある。　＿＿＿＿＿

アンケート調査
ちょうさ

Surveys／Điều tra, khảo sát

〈マリオの発表〉
はっぴょう

調査対象は、20代の留学生、男女30名ずつで、アンケートの答え方は、選択式と自由回答式の2通りです。記入時間は人によって多少差がありましたが、約10分程度でした。
ちょうさ たいしょう　だい りゅうがくせい　だんじょ　めい　こた かた　せんたくしき　じ ゆうかいとうしき　きにゅうじかん　ひと　たしょう さ　やく　ぶんていど

(Mario's Presentation) I surveyed exchange students in their 20s, 30 men and women each. Survey questions were answered as both multiple choice and free answer. While the amount of time it took to answer was slightly different depending on the person, it took about ten minutes.

(Phát biểu của Mario) Đối tượng của nghiên cứu là lưu học sinh ở độ tuổi 20, 30 nam và 30 nữa, trả lời nghiên cứu theo cách lựa chọn và trả lời tự do. Thời gian trả lời mỗi người một khác nhưng khoảng 10 phút.

1	象 ショウ ゾウ	対象 たいしょう	target	đối tượng
		現象 げんしょう	phenomenon	hiện tượng
		印象 →3-4 いんしょう	impression	ấn tượng
		象 ぞう	elephant	voi
12画	TƯỢNG		shape; elephant	
2	式 シキ	形式 けいしき	form	hình thức
		計算式 →8-5 けいさんしき	formula	công thức tính
		電動式 でんどうしき	motorized	chạy bằng điện
		結婚式 けっこんしき	wedding ceremony	lễ cưới
6画	THỨC		style	
3	多 おお-い タ	多少 たしょう	more or less	một chút
6画	ĐA		many	
4	差 さ-す サ	差 さ	difference	chênh lệch
		差し上げる さ あ	the humble language for "give"	từ khiêm nhường của "与える"
		差別(する) さ べつ	to discriminate	phân biệt đối xử
		交差点 →6-3 こう さ てん	intersection	xa lộ
10画	SAI		difference	
5	約 ヤク	約束(する) やくそく	to promise	hẹn
		約10% やく	about 10%	khoảng 10%
9画	ƯỚC		approximate	
6	紙 かみ シ	コピー用紙 ようし	printer paper	giấy copy
		表紙 ひょうし	front cover	bìa
10画	CHỈ		paper	

7	破 やぶ-る やぶ-れる (ハ)	(〜を)破る やぶ	to tear, to break	xé 〜
		(〜が)破れる やぶ	to tear	〜 rách
		(〜が)破ける やぶ	to be broken	rách
		(〜を)破く やぶ	to tear	xé
10画	PHÁ		destruction	
8	刷 す-る サツ	印刷(する) →3-4 いんさつ	to print	in ấn
8画	LOÁT		print	
9	筆 ふで ヒツ	筆 ふで	(writing) brush, (paint) brush	bút lông
		筆者 ひっしゃ	author	người viết
		筆記(する) ひっき	to note	viết
		鉛筆 えんぴつ	pencil	bút chì
12画	BÚT		brush	
10	善 (よ-い) ゼン	善悪 →9-3 ぜんあく	good and bad	tốt xấu
		改善(する) →7-2 かいぜん	to improve	thay đổi
12画	THIỆN		good	
11	単 タン	単なる たん	simple, mere	đơn giản là 〜
		単に たん	simply	đơn giản
		単語 たんご	word	từ đơn
		単位 たんい	unit	đơn vị
		単純(な) →8-2 たんじゅん	simple	đơn thuần
9画	ĐƠN		simple, single, mere	

❶ スペイン語なら、多少わかります。　　　　　　　a. おおしょう　　b. たしょう

❷ この筆には、ぶたの毛が使われている 。　　　　　a. ふで　　　　　b. ひつ

❸ 表紙を見れば、どんな内容の雑誌か大体わかる。　a. ひょうめん　　b. ひょうし

❹ 書類の印刷をお願いしたいんですが。　　　　　　a. いんさつ　　　b. いんかん

❺ 大人なら、自分で善悪の判断をすべきだ。　　　　a. ぜんあく　　　b. じんあく

❶ ___に寝坊しただけです。　　　　　　　　a. 単　　　b. 果　　　c. 専
　　たん

❷ 必ず来ると___束してください。　　　　　a. 訳　　　b. 約　　　c. 役
　　　　　　　やく

❸ 鉛___を貸していただけますか。　　　　　a. 算　　　b. 筆　　　c. 等
　えん　　ぴつ

❹ 職場環境を改___して仕事の効率を上げよう。　a. 全　　　b. 然　　　c. 善
　　　　　　　　ぜん

❺ 大切な書類が___れてしまった。　　　　　a. 破　　　b. 敗　　　c. 割
　　　　　　　やぶ

UNIT
9
学問・研究

[れい] 天気がいいから、（ⓐ公園　b. 道路 ）に行きましょう。　　　こうえん

❶ 1組と2組の平均点には10点の（ a. 差　b. 差別 ）が出た。　　　＿＿＿＿＿＿＿

❷ 映画で（ a. 印象　b. 減少 ）に残ったのは町の風景だ。　　　＿＿＿＿＿＿＿

❸ 約束を（ a. 破く　b. 破る ）と、信用をなくすよ。　　　＿＿＿＿＿＿＿

❹ （ a. 筆記　b. 現象 ）試験より、面接試験の方が心配だ。　　　＿＿＿＿＿＿＿

❺ この番組は中学生を（ a. 単位　b. 対象 ）に制作された。　　　＿＿＿＿＿＿＿

考察
こうさつ

Consideration／Khảo sát

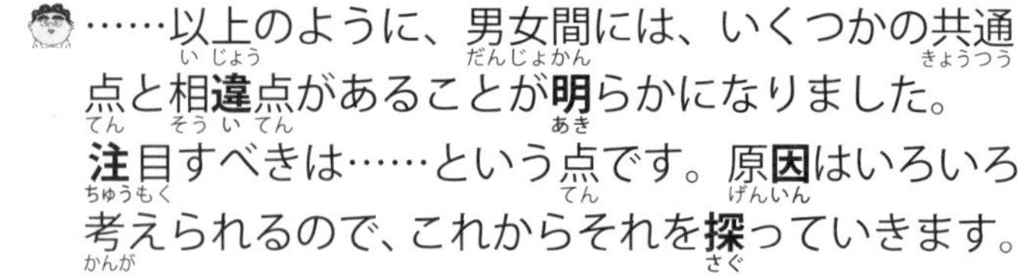

(Mario's Presentation)...As I have shown, I found there are a number of points between men and women that are in common and that are different. What we should pay attention to is... I can think of many causes of this, and I would like to continue from here by investigating them.

(Phát biểu của Mario) …Như vậy rõ ràng giữa nam và nữa có vài điểm chung và điểm khác biệt. Đáng chú ý là…. Có thể có nhiều nguyên nhân nên tôi sẽ tiếp tục tìm hiểu về vấn đề này.

①	考 かんが-える / かんが-え / コウ	考察（する）→9-3 こうさつ	to consider / khảo sát	
		参考 →3-5 さんこう	reference / tham khảo	
6画	KHẢO	think		
②	察 サツ	観察（する）→5-1 かんさつ	to observe / quan sát	
		診察（する）→7-5 しんさつ	to examine / khám bệnh	
14画	SÁT	observe		
③	違 ちが-う / ちが-い / イ	間違える まちが	mistake / nhầm lẫn	
		間違い まちが	mistake / sai sót	
		違反（する）→6-5 いはん	to violate / vi phạm	
		相違点 そういてん	differences / điểm khác biệt	
		⇔共通点 →7-1 きょうつうてん	commonalities / điểm chung	
13画	VI	different		
④	明 あ-かり / あか-るい / あき-らか / あ-ける / メイ / ミョウ	明らか（な） あき	clear / rõ ràng	
		明日／明日★／明日 あす / あした / みょうにち	tomorrow / ngày mai	
		明確（な）→8-5 めいかく	definite / rõ ràng	
		発明（する） はつめい	to invent / phát minh	
		文明 ぶんめい	civilization / văn minh	
8画	MINH	clear		
⑤	注 そそ-ぐ /（つ-ぐ）/ チュウ	注ぐ そそ	pour / rót, dốc	
		注目（する） ちゅうもく	to notice / chú ý	
8画	CHÚ	pour; focus		
⑥	因 （よ-る）/ イン	原因 げんいん	cause / nguyên nhân	
6画	NHÂN	cause		

⑦	探 さぐ-る / さが-す / タン	探る さぐ	to grope for / tìm hiểu	
		探す さが	to search / tìm	
11画	THÁM	search		
⑧	張 は-る / チョウ	張る は	to stretch / căng, canh	
		引っ張る →8-3 ひ ぱ	to pull / kéo	
		主張（する）→7-4 しゅちょう	to assert / phát biểu, ý kiến	
		出張（する） しゅっちょう	to travel on business / công tác	
		緊張（する） きんちょう	to be nervous / hồi hộp	
11画	TRƯƠNG	stretch; spread		
⑨	像 ゾウ	想像（する） そうぞう	to imagine / tưởng tượng	
		画像 がぞう	image / hình ảnh	
		仏像 →3-4 ぶつぞう	Buddha statue / tượng phật	
		銅像 →2-4 どうぞう	bronze statue / tượng đồng	
14画	TƯỢNG	statue, image		
⑩	略 リャク	略す りゃく	to abbreviate / lược	
		略 りゃく	abbreviation / rút gọn	
		省略（する）→7-1 しょうりゃく	to abbreviate / lược bớt	
		中略（する） ちゅうりゃく	to omit / lược ở giữa	
11画	LƯỢC	shape		
⑪	悪 わる-い / アク	悪口 わるくち	vilify / nói xấu	
		悪影響 →5-2 あくえいきょう	ill effects / ảnh hưởng xấu	
		悪化（する） あっか	to become worse / xấu đi	
11画	ÁC	evil		

❶ 細かい説明は<u>省略</u>させていただきます。　　　a. せいりゃく　　b. しょうりゃく

❷ この表の数字は、<u>明らか</u>に変だ。　　　　　　a. あけらか　　b. あきらか

❸ <u>観察</u>した結果をグラフにまとめた。　　　　　a. かんさい　　b. かんさつ

❹ <u>画像</u>データをメールで送ってもらった。　　　a. がぞう　　b. かくぞう

❺ この新製品が今、<u>注目</u>を浴びている。　　　　a. ちゅうもく　　b. しゅうもく

❶ 明日からアメリカに出＿＿だ。　　　　　　a. 頂　　　b. 張　　　c. 超
　　　　　　　　　　ちょう

❷ 飲酒運転を原＿＿＿とする事故は多い。　　a. 困　　　b. 囚　　　c. 因
　　　　　　　　いん

❸ いくら＿＿＿しても見つからない。　　　　a. 深　　　b. 探　　　c. 清
　　　　さが

❹ 病院で診＿＿＿してもらったほうがいいよ。　a. 祭　　　b. 際　　　c. 察
　　　　　　　さつ

❺ 貴重な仏＿＿＿が期間限定で公開される。　a. 象　　　b. 像　　　c. 憎
　　　　　　ぞう

UNIT 9 学問・研究

れい　天気がいいから、（ⓐ公園　b. 道路 ）に行きましょう。　　　　こうえん

❶ 独立して事業を始める上で、講演は大変（ a. 参考　b 主張 ）になった。　＿＿＿＿＿＿

❷ 交通規則に（ a. 違反　b. 間違い ）すると、警察につかまるよ。　＿＿＿＿＿＿

❸ 就職活動を（ a. 悪化して　b. 略して ）「就活」と呼んでいる。　＿＿＿＿＿＿

❹ 今回の調査で、問題点が（ a. 明確　b. 発明 ）になった。　＿＿＿＿＿＿

❺ このおもちゃは、ひもを（ a. 引っ張って　b. 注いで ）遊びます。　＿＿＿＿＿＿

質問
しつもん

Questions／Câu hỏi

司会：では、ご質問、ご意見などどうぞ。
しかい　　　　　　　　しつもん　　　いけん

質問者：はい。**一般**の常**識**とは対**照**的な結果だと
しつもんしゃ　　　　いっぱん　じょうしき　　たいしょうてき　けっか
　　　　思いますが、発表者ご自身は、その点について
　　　　おも　　　　　はっぴょうしゃ　じしん　　　　　てん
　　　　どう**評価**なさいますか。
　　　　　　ひょうか

Emcee "Okay, does anyone have questions or opinions?"
Questioner "Yes. While these results seem to be contrary to what is generally considered common sense, what do you make of them yourself?"

MC "Xin mời đưa ra câu hỏi hay ý kiến ạ. "
Người hỏi "Vâng. Kết quả ngược hẳn với thường thức chung, vậy bản thân người phát biểu đánh giá thế nào về điểm này? "

		漢語		
1	疑 うたが-う ギ	疑う うたが	to doubt / nghi ngờ	
		疑問 ぎもん	doubts, question / nghi vấn	
		疑問点 ぎもんてん	points of doubt / điểm nghi vấn	
14画	NGHI	doubt		
2	司 シ	司会 しかい	emcee / người dẫn chương trình	
		上司 じょうし	boss / cấp trên	
5画	TƯ,TY	head		
3	般 ハン	一般 いっぱん	general / thông thường	
		一般的(な) いっぱんてき	general / tính thông thường	
		一般論→4-3 いっぱんろん	general argument / thông thường	
10画	BAN, BÀN	type		
4	識 シキ	常識 じょうしき	common sense / thường thức	
		知識 ちしき	knowledge / tri thức, kiến thức	
19画	THỨC	knowledge		
5	照 て-る て-らす ショウ	(〜が)照る て	to shine / ~ sáng	
		(〜を)照らす て	to shine / chiếu sáng ~	
		照明→9-3 しょうめい	illuminate / đèn	
		対照的(な) たいしょうてき	contrary / một cách đối ngược	
13画	CHIẾU	light		
6	評 ヒョウ	評価(する)→7-2 ひょうか	to evaluate / đánh giá	
		評判→8-4 ひょうばん	reputation / đáng giá	
		評論(する)→4-3 ひょうろん	criticism / phê bình	
12画	BÌNH	measure; judge		

7	批 ヒ	批評(する) ひひょう	to critique / phê phán	
		批判(する) ひはん	to criticize / phê phán	
7画	PHÊ	strike; judge		
8	賛 サン	賛成(する) さんせい	to approve / tán thành	
15画	TÁN	help; agree		
9	否 ヒ	否定(する) ひてい	to deny / phủ định	
		否定的(な) ひていてき	negative / có tính phủ định	
7画	PHỦ	disagree		
10	肯 コウ	肯定(する) こうてい	to affirm / khẳng định	
		肯定的(な) こうていてき	affirmative / có tính khẳng định	
8画	KHẲNG	agree		
11	常 つね ジョウ	常に つね	constantly / thường xuyên	
		通常 つうじょう	regular / thông thường	
		日常→6-5 にちじょう	daily life / ngày thường	
11画	THƯỜNG	ordinary, usual		
12	知 し-る し-らせる チ	知識 ちしき	knowledge / kiến thức	
		知人 ちじん	acquaintance / người quen	
		知恵→5-4 ちえ	wisdom / trí tuệ	
		通知(する) つうち	to notify / thông báo	
		承知(する)→3-5 しょうち	to acknowledge / biết, hiểu	
8画	TRI	knowledge		

ドリル A　正しい読みをえらんでください。

❶ 灯台の光が海上を照らしている。　　　　a. てらして　　　b. はらして

❷ 会議の司会は私が担当いたします。　　　a. しかい　　　b. しあい

❸ 知恵を集めて、この困難を乗り越えよう。　a. ちしき　　　b. ちえ

❹ 彼の話はうそではないかと疑われている。　a. うばわれて　　b. うたがわれて

❺ 学ぼうという気持ちを常に持ち続けよう。　a. つねに　　　b. まじに

ドリル B　正しい漢字をえらんでください。

1点× 5

❶ 他人の＿＿判ばかりするのはよくない。　a. 否　　b. 批　　c. 評

❷ 舞台の＿＿明をつけてください。　　　　a. 照　　b. 熱　　c. 然

❸ 彼はその場にいたことを＿＿定した。　　a. 比　　b. 非　　c. 否

❹ 通＿＿、勤務は5時までです。　　　　　a. 条　　b. 状　　c. 常

❺ 彼の論文は高い＿＿価を得た。　　　　　a. 標　　b. 評　　c. 表

ドリル C　正しいほうをえらんで、全部ひらがなで＿＿に書いてください。

1点× 10

れい　天気がいいから、（ⓐ公園　b. 道路 ）に行きましょう。　　　こうえん

❶ （ a. 一般的　b. 肯定的 ）に、女性は男性より長生きだ。　　＿＿＿＿＿＿＿

❷ それが許されないことは（ a. 常識　b. 承知 ）で考えればわかる。　＿＿＿＿＿＿＿

❸ さすが社長は（ a. 上司　b. 知識 ）が豊富だ。　　　　＿＿＿＿＿＿＿

❹ 彼の提案は（ a. 賛成　b. 疑問 ）多数で、受け入れられた。　＿＿＿＿＿＿＿

❺ この新製品は使いやすいと（ a. 評判　b. 肯定 ）になっている。　＿＿＿＿＿＿＿

研究室
けんきゅうしつ

Research Lab／Phòng nghiên cứu

〈教授の話〉じゃ、私の海外出張の間、マリオ**君**に
事**務**的な仕事を頼むことにします。**講**義
や**委**員会の日程を掲示**板**に記入するとか、
研究室を**掃**除するとか、私の**帰**国まで、
よろしくお願いしますね。

(The professor talking) Okay, while I'm on my trip abroad, I'm going to ask Mario-kun to handle the administrative work. Please take care of writing lecture and committee meeting dates on the message board, cleaning the research lab, and so on until I return.

(Giáo sư) Trong lúc tôi đi công tác nước ngoài đã nhờ bạn Mario đảm nhiệm công việc văn phòng. Cho tới khi tôi về nước, hãy viết lên bảng thông báo lịch trình các buổi họp và họp ban chấp hành, cả công việc dọn dẹp phòng nghiên cứu nữa.

1	君 きみ／クン	君 きみ	you / cậu, em
		田中君 たなかくん	Tanaka kun, Mr./Ms.～[casual] / anh TANAKA
7画	QUÂN	you	

2	講 コウ	講師 こうし	lecturer / giáo viên
		講義 (する) →4-5 こうぎ	to lecture / bài giảng
		講演 (する) こうえん	to give a lecture / diễn thuyết
17画	GIẢNG	argument	

3	委 イ	委員 いいん	committee member / ủy viên
		委員会 いいんかい	committee / ban chấp hành
		委員長 いいんちょう	chairperson / bí thư
8画	ỦY	hand over	

4	板 いた／バン	板 いた	board / tấm gỗ
		掲示板 →2-2 けいじばん	message board / bảng thông báo
		看板 →5-5 かんばん	signboard / biển hiệu
8画	BẢN, BẢNG	board	

5	掃 は-く／ソウ	掃く は	to sweep / lau
		掃除 (する)★→2-5 そうじ	to clean / dọn dẹp
		清掃 →2-2 せいそう	cleaning / lau chùi
11画	TÁO	sweep	

6	帰 かえ-る／キ	帰国 (する) きこく	to return to one's country / về nước
		帰宅 (する) きたく	to return home / về nhà
10画	QUY, QU	return	

7	師 シ	教師 きょうし	teacher / giáo viên
		医師 いし	doctor / bác sĩ
10画	SƯ	teacher	

8	助 たす-かる／たす-ける／ジョ	助手 じょしゅ	assistant / trợ lí
		助言 (する) →3-3 じょげん	to advise / gợi ý, khuyên bảo
		補助 (する) →7-1 ほじょ	to assist / hỗ trợ (tiền)
		援助 (する) えんじょ	to aid / viện trợ
7画	TRỢ	help	

9	提 ティ	提出 (する) ていしゅつ	to submit / nộp
		提案 (する) ていあん	to propose / đưa ra ý kiến
12画	ĐỀ	propose, submit	

10	案 アン	案 あん	proposal / đề xuất
		案内 (する) あんない	to guide / hướng dẫn
		案外 あんがい	unexpectedly / không ngờ
		答案 とうあん	answer paper / lời giải
10画	ÁN	idea, draft	

11	務 つと-める／ム	務める つと	to work; to serve / làm việc
		公務員 こうむいん	civil servant / công chức
		事務 じむ	office work / việc văn phòng
		義務 →4-5 ぎむ	obligation / nghĩa vụ
11画	VỤ	task, duties	

| 12 | 封 フウ (ホウ) | 封筒 →1-5 ふうとう | envelope / phong bì |
| 9画 | PHONG | seal | |

／20

❶ 町の掲示板に選挙のポスターが張ってあった。　　　　a. ていじばん　　　b. けいじばん

❷ 帰宅時間を家族に知らせるようにしています。　　　　a. きこく　　　　　b. きたく

❸ 大きな看板で新製品の宣伝をしている。　　　　　　　a. こくばん　　　　b. かんばん

❹ 書類は、その封筒の中に入っているよ。　　　　　　　a. ふうとう　　　　b. ふうどう

❺ この機会に、ぜひ君の意見を聞かせてほしい。　　　　a. くん　　　　　　b. きみ

❶ あの先生の___義は学生に人気がある。　　　　　a. 構　　　b. 講　　　c. 候
　　　　　　　こう

❷ 机をふく前に、床を___いてください。　　　　　a. 除　　　b. 清　　　c. 掃
　　　　　　　　　　　は

❸ 父は公___員です。　　　　　　　　　　　　　　a. 務　　　b. 勤　　　c. 労
　　　　　　む

❹ 計画は次の___員会で決める予定だ。　　　　　　a. 季　　　b. 意　　　c. 委
　　　　　　　　い

❺ 答___用紙に名前を書いてください。　　　　　　a. 察　　　b. 案　　　c. 委
　　あん

UNIT
9
学問・研究

れい　天気がいいから、（ⓐ公園　b. 道路 ）に行きましょう。　　　　　こうえん

❶ 申込書は来週までに（ a. 提出　b 案内 ）してください。　　　　＿＿＿＿＿＿

❷ 子供に教育を受けさせるのは親の（ a. 義務　b. 講演 ）だ。　　＿＿＿＿＿＿

❸ カメラマンの（ a. 答案　b. 助手 ）として何度か海外に行った。＿＿＿＿＿＿

❹ 学費の払えない家庭を（ a. 援助　b. 事務 ）する制度がある。　＿＿＿＿＿＿

❺ 祭りを延期してはどうかという（ a. 掃除　b. 提案 ）が出た。　＿＿＿＿＿＿

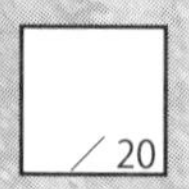

UNIT 9
まとめ問題 A

問題1 _______の言葉の読み方として最もよいものを1・2・3・4から一つ選びなさい。

1 この大会には、プロだけではなく、一般の人も参加できる。

　　1　いちばん　　　　　2　いちだん　　　　　3　いっぱん　　　　　4　いったん

2 仕事の能率を上げて、残業をなくそう。

　　1　のうりょく　　　　2　のうりつ　　　　　3　のうそつ　　　　　4　のうそく

3 メール送信ができなかったのは、一時的な現象だったようだ。

　　1　げんぞう　　　　　2　げんじょう　　　　3　げんそう　　　　　4　げんしょう

4 私にとって来年がいい年かどうか、占ってもらった。

　　1　さぐって　　　　　2　すくって　　　　　3　うらなって　　　　4　あつかって

5 壁にかけた絵が少し傾いている。

　　1　とどいて　　　　　2　のぞいて　　　　　3　かたむいて　　　　4　つまずいて

6 この川の水は東京湾に注いでいる。

　　1　そいで　　　　　　2　そそいで　　　　　3　ついで　　　　　　4　つないで

7 新製品のすばらしさは想像以上だった。

　　1　そうしょう　　　　2　そうじょう　　　　3　そうそう　　　　　4　そうぞう

問題2 _______の言葉の書き方として最もよいものを1・2・3・4から一つ選びなさい。

1 国の面積の65％を森林がしめている。

　　1　示めて　　　　　　2　閉めて　　　　　　3　留めて　　　　　　4　占めて

2 コピーようしが足りなくなりそうだ。

　　1　用紙　　　　　　　2　様紙　　　　　　　3　用子　　　　　　　4　様子

3 自転車も、危険な乗り方をすれば、交通いはんで罪に問われる。

　　1　違反　　　　　　　2　委判　　　　　　　3　異変　　　　　　　4　依存

134

[4] 革靴はつねに磨いておくようにしている。

1　常に　　　　　　　　2　真に　　　　　　　　3　正に　　　　　　　　4　単に

[5] この紙はやぶいて捨ててしまおう。

1　破ぶいて　　　　　　2　破いて　　　　　　　3　疲ぶいて　　　　　　4　疲いて

[6] 早朝に出発する飛行機をもっとふやしてほしい。

1　増やして　　　　　　2　増して　　　　　　　3　憎やして　　　　　　4　憎して

[7] その町を実際に訪問して、どんないんしょうを受けましたか。

1　因象　　　　　　　　2　因像　　　　　　　　3　印象　　　　　　　　4　印像

問題3（　　　　）に入れるのに最もよいものを1・2・3・4から一つ選びなさい。

[1] 地球が誕生したのは、今から46（　　　）年前のことだ。

1　濃　　　　　　　　　2　億　　　　　　　　　3　満　　　　　　　　　4　優

[2] 経済成長（　　　）が10%を超えた時期もあった。

1　数　　　　　　　　　2　割　　　　　　　　　3　率　　　　　　　　　4　卒

[3] 会場は駅からバスで（　　　）30分のところだ。

1　程　　　　　　　　　2　単　　　　　　　　　3　常　　　　　　　　　4　約

問題4（　　　　）に入れるのに最もよいものを1・2・3・4から一つ選びなさい。

[1] 発表された新技術が、世界の（　　　　　　）を集めている。

1　通知　　　　　　　　2　義務　　　　　　　　3　注目　　　　　　　　4　広告

[2] テニスの練習相手を（　　　　　　）いるんだけど、君、やってくれない？

1　誤って　　　　　　　2　謝って　　　　　　　3　探して　　　　　　　4　超して

[3] 売り上げは数年前から減る（　　　　　　）にある。

1　形式　　　　　　　　2　発達　　　　　　　　3　連続　　　　　　　　4　傾向

まとめ問題 B

/30

問題　次の文を読んで、質問に答えなさい。

> どんな場合でも、誰かの代理を①務めるのは簡単ではない。私は今、長期入院中の係長の代理をしているが、以前から考えていた②事務処理上の③提案をしたところ、書類の④手続き方法の変更は混乱を招くと⑤批判されてしまった。情報をうまく届けられず、⑥誤解されたこともあるし、⑦単に楽をしたいだけと⑧疑われもした。しかし、仕事を任されたのは、私が⑨評価されているからでもある。この状況を⑩肯定的にとらえ、周囲の⑪助言を得ながら、⑫責任を持ってやっていきたい。

問1　①～⑫の漢字をひらがなにして、＿＿＿を全部ひらがなで書きなさい。　　（2点×12＝24点）

①	②	③
④	⑤	⑥
⑦	⑧	⑨
⑩	⑪	⑫

問2　文の内容と合うものに〇、合わないものに×をつけなさい。　　（3点×2＝6点）

a.（　　　）筆者は今、長く職場を休んでいる人の代理として仕事をしている。

b.（　　　）筆者は、自分の能力を生かすため、他の職場に移ろうと考えている。

UNIT 10

N3-N5レベルの漢字

N3-N5 Level Kanji
Chữ Hán cấp độ N3-N5

★ UNIT1-9 のリストに出ていない漢字です。

<table>
<tr><td>1</td><td>新しい音読み①</td><td>New On-yomi ①／Cách đọc âm Hán mới ①</td></tr>
<tr><td>2</td><td>新しい音読み②</td><td>New On-yomi ②／Cách đọc âm Hán mới ②</td></tr>
<tr><td>3</td><td>新しい音読み③</td><td>New On-yomi ③／Cách đọc âm Hán mới ③</td></tr>
<tr><td>4</td><td>新しい訓読み①</td><td>New Kun-yomi ①／Cách đọc âm Nhật mới ①</td></tr>
<tr><td>5</td><td>新しい訓読み②</td><td>New Kun-yomi ②／Cách đọc âm Nhật mới ②</td></tr>
</table>

新しい音読み①
あたら　　おん　よ

New On-yomi ①／Cách đọc âm Hán mới ①

/20

このユニットでは、すでに学習した N3 〜 N5 レベルの漢字の新しい読みを学びます。
がくしゅう　　　　　　　　　　　　かんじ　あたら　よ　　まな

太字の読みが新しく学ぶ読み方です。
ふとじ　よ　　あたら　まな　よ　かた

1	色 いろ／ショク	特色 とくしょく	characteristic đặc trưng	
2	青 あお／セイ	青年 せいねん	adolescent thanh niên	
3	赤 あか／セキ	赤道 せきどう	equator xích đạo	
4	黒 くろ／コク	黒板 こくばん	blackboard bảng đen	
5	緑 みどり／リョク	緑茶 りょくちゃ	green tea trà xanh	
6	朝 あさ／チョウ	朝食 ちょうしょく	breakfast bữa sáng	
		朝刊 ちょうかん	morning edition báo buổi sáng	
		早朝 そうちょう	early morning sáng sớm	
7	魚 さかな／ギョ	金魚 きんぎょ	goldfish cá vàng	
		魚介 ぎょかい	aquatic animals hải sản	
8	左 ひだり／サ	左折(する) させつ	to turn left rẽ trái	
9	右 みぎ／ウ／ユウ	右折(する) うせつ	to turn right rẽ phải	
		左右 さゆう	left and right trái phải	
10	村 むら／ソン	村長 そんちょう	village mayor trưởng thôn	
		農村 のうそん	agricultural village nông thôn	

11	森 もり／シン	森林 しんりん	forest rừng	
12	文 ブン／モン	文句 もんく	word; complaint cằn nhằn	
		注文(する) ちゅうもん	to order gọi món	
		文字★ もじ	character; letter chữ	
13	私 わたし／わたくし／シ	私立 しりつ	private tư thục	
		私用 しよう	personal việc riêng	
14	一 ひと-つ／イチ／イツ	同一 どういつ	same cùng là một	
		統一(する) とういつ	to unify thống nhất, đồng nhất	
15	気 キ／ケ	気配 けはい	indication động tĩnh	
		吐き気 はけ	nausea buồn nôn	
16	子 こ／シ／ス	様子 ようす	appearance tình trạng	
		椅子 いす	chair ghế	
		弟子 でし	pupil đệ tử	
		子孫 しそん	descendants con cháu	

ドリル A　正しい読みをえらんでください。　　　　　　1点×5

❶ 道路を渡るときは<u>左右</u>をよく見てください。　　　a. さゆう　　　b. さう

❷ この学部には、留学生が多いという<u>特色</u>があります。　a. とくしき　　b. とくしょく

❸ <u>文句</u>言わないで、ちょっと手伝ってよ。　　　　a. ぶんく　　　b. もんく

❹ 二つの事件は<u>同一</u>の犯人によるものだ。　　　a. どういつ　　b. どういち

❺ 昨日の夜、<u>吐き気</u>が止まらなかった。　　　　a. はきけ　　　b. はきき

ドリル B　正しい漢字をえらんでください。　　　　　　1点×5

❶ このイベントは、町の＿＿年たちが中心になって行われている。　a. 成　　b. 青　　c. 盛

❷ ＿＿林の中を歩くのは気持ちがいい。　　　　　　a. 森　　b. 深　　c. 真

❸ このラーメン、＿＿介のスープがおいしいね。　　　　a. 業　　b. 漁　　c. 魚

❹ 最近はペットボトルの＿＿茶を飲む人が多い。　　　a. 良　　b. 紅　　c. 緑

❺ 毎日、早＿＿から大勢の人が電車に乗っている。　　a. 丁　　b. 町　　c. 朝

ドリル C　正しいほうをえらんで、全部ひらがなで＿＿に書いてください。　　1点×10

れい　天気がいいから、（ⓐ公園　b. 道路 ）に行きましょう。　　　こうえん

❶ 二つの国が（ a. 統一　b. 同一 ）されて新しい国になった。　＿＿＿＿＿＿

❷ 先生が書いた（ a. 赤道　b. 黒板 ）の字が小さすぎて見えない。　＿＿＿＿＿＿

❸ 夏は（ a. 農村　b. 村長 ）で畑仕事をするアルバイトをした。　＿＿＿＿＿＿

❹ 私は（ a. 私用　b. 私立 ）の小学校に通っていた。　＿＿＿＿＿＿

❺ インターネットで商品を（ a. 文句　b. 注文 ）した。　＿＿＿＿＿＿

新しい音読み②
あたら　　　　おん　よ

New On-yomi ②／Cách đọc âm Hán mới ②

/20

1	次	つぎ / ジ / シ	次第に (しだい)	gradually / dần dà
2	木	き / モク / **ボク**	大木 (たいぼく)	large tree / cây cổ thụ
3	工	コウ / ク	工夫(する) (くふう)	to scheme / sáng tạo
			大工 (だいく)	carpenter / thợ mộc
			人工的(な) (じんこうてき)	artificial / nhân tạo
4	息	いき / ソク	休息(する) (きゅうそく)	to rest / nghỉ ngơi
			息子★ (むすこ)	son / con trai
5	光	ひかり / コウ	日光 (にっこう)	sunlight / ánh nắng mặt trời
			観光(する) (かんこう)	to sightsee / thăm quan
6	起	お-きる / お-こる / お-こす / キ	起床(する) (きしょう)	to rise / ngủ dậy
			起立(する) (きりつ)	to rise / đứng lên
7	思	おも-う / シ	思考(する) (しこう)	to think / suy nghĩ
			思想 (しそう)	ideology; thought / tư tưởng
8	借	か-りる / シャク	借金(する) (しゃっきん)	to loan / nợ nần
9	去	さ-る / キョ / コ	過去 (かこ)	past / quá khứ
			去る (さ)	leave / đi qua
10	覚	おぼ-える / カク	感覚 (かんかく)	feeling / cảm giác
			味覚 (みかく)	taste / vị giác
11	迎	むか-える / ゲイ	歓迎(する) (かんげい)	to welcome / chào đón
			送迎(する) (そうげい)	to welcome and send off / đưa đón
12	買	か-う / バイ	売買(する) (ばいばい)	to buy and sell / mua bán
13	申	もう-す / シン	申請(する) (しんせい)	to apply / đăng kí
14	建	た-てる / ケン	建設(する) (けんせつ)	to construct / xây dựng
			建築(する) (けんちく)	to build / xây dựng

ドリル　A　　正しい読みをえらんでください。　　1点×5

❶ 父は店を始めるときに借金をしたそうだ。　　a. しゃくきん　　b. しゃっきん

❷ 株の売買で利益を得た。　　a. ばいばい　　b. ばいかい

❸ 風が次第に強くなってきた。　　a. じだいに　　b. しだいに

❹ この家には、生活を便利にするためのさまざまな工夫が見られる。　a. こうふう　　b. くふう

❺ 神社の中に有名な大木があるらしい。　　a. たいぼく　　b. たいもく

ドリル　B　　正しい漢字をえらんでください。　　1点×5

❶ ここは人＿＿的につくられた島だそうだ。　　a. 口　　b. 項　　c. 工
（こう）

❷ 彼女は過＿＿の出来事をよく覚えている。　　a. 個　　b. 古　　c. 去
（こ）

❸ 休＿＿をしっかりとった方が、仕事の能率がいい。　　a. 足　　b. 息　　c. 憩
（そく）

❹ 毎日6時に＿＿床するようにしている。　　a. 帰　　b. 越　　c. 起
（き）

❺ 植物には、よく日＿＿を当ててください。　　a. 工　　b. 光　　c. 広
（こう）

ドリル　C　　正しいほうをえらんで、全部ひらがなで＿＿に書いてください。　　1点×10

［れい］ 天気がいいから、（ⓐ. 公園　b. 道路 ）に行きましょう。　　＿こうえん＿

❶ 初めて舞台に立ったときは、不思議な（ a. 感覚　b. 味覚 ）だった。　　＿＿＿＿＿＿

❷ 友達の家に行ったら、ごちそうを作って（ a. 歓迎　b. 観光 ）してくれた。　　＿＿＿＿＿＿

❸ 残念なことに、多くのメンバーが会を（ a. 去って　b. 送迎して ）いった。　　＿＿＿＿＿＿

❹ 奨学金の（ a. 申請　b. 建築 ）には、以下の書類が必要です。　　＿＿＿＿＿＿

❺ 私の父は長い間（ a. 建設　b. 大工 ）として、働いていた。　　＿＿＿＿＿＿

3

新しい音読み③
あたら　　　おん　よ

New On-yomi ③／Cách đọc âm Hán mới ③

／20

1 飲	の-む イン	飲料 いんりょう	beverage	đồ uống
		飲酒 いんしゅ	drinking alcohol	uống rượu
		飲食（する） いんしょく	to eat and drink	ăn uống
2 終	お-わる お-える シュウ	終点 しゅうてん	terminus	bến cuối
		終電 しゅうでん	last train	chuyến tàu cuối
3 低	ひく-い テイ	低下（する） ていか	to decline	giảm xuống
		高低 こうてい	fluctuation	cao thấp
		最低 さいてい	lowest	thấp nhất
4 寒	さむ-い カン	寒帯 かんたい	polar region	hàn đới
		防寒（する） ぼうかん	to protect against the cold	chống rét
5 広	ひろ-い コウ	広告 こうこく	advertisement	quảng cáo
6 太	ふと-い タイ	太陽 たいよう	sun	mặt trời
7 古	ふる-い コ	古典 こてん	classics	cổ
		中古 ちゅうこ	used	cũ
8 弱	よわ-い ジャク	弱点 じゃくてん	weakness	điểm yếu
		強弱 きょうじゃく	strengths and weaknesses	mạnh yếu
9 軽	かる-い ケイ	軽食 けいしょく	light meal	bữa ăn nhẹ
		手軽（な） てがる	simple	nhẹ nhàng
		気軽（な） きがる	easygoing	thoải mái
		軽自動車 けいじどうしゃ	light automobile	xe ô tô hạng
10 眠	ねむ-る ミン	睡眠 すいみん	sleep	giấc ngủ
11 濃	こ-い ノウ	濃度 のうど	density	nồng độ
12 平	たい-ら （ひら） ヘイ ビョウ	平ら（な） たいら	even	bằng phẳng
		平等（な） びょうどう	equal	bình đẳng
13 好	この-む す-く コウ	友好 ゆうこう	friendly	hữu hảo
		好意 こうい	affection	thành ý
		好奇心 こうきしん	curiosity	sự hiếu kì
14 直	なお-る なお-す チョク ジキ	正直（な） しょうじき	honest	thẳng thắn
15 由	ユウ ユ	経由 けいゆ	by way of	đi qua, transit

❶ 太陽を直接目で見てはいけない。　　　　　　　　　a. だいよう　　　b. たいよう

❷ 男女が平等な社会になるように、この法律が作られた。　a. へいとう　　　b. びょうどう

❸ 体力が低下しているときは、かぜをひきやすい。　　a. ていか　　　　b. あっか

❹ 本当のことを正直に話してください。　　　　　　　a. せいちょく　　b. しょうじき

❺ これは地面を平らにする道具です　　　　　　　　　a. たいら　　　　b. へいら

❶ ＿＿＿食はこの場所のみで可能です。　　　　　　a. 飯　　　b. 軟　　　c. 飲
　　いん

❷ 私は、電車の中で雑誌の＿＿＿告をよく見ます。　a. 公　　　b. 広　　　c. 効
　　　　　　　　　　　　　　　こう

❸ この店は、中＿＿＿のパソコンを売っている。　　a. 去　　　b. 古　　　c. 過
　　　　　　　　　こ

❹ 睡＿＿＿不足が一番体に悪いらしいよ。　　　　　a. 民　　　b. 眼　　　c. 眠
　　　　みん

❺ 印刷の＿＿＿度は、このボタンで調節できます。　a. 能　　　b. 濃　　　c. 農
　　　　　　　のう

れい　天気がいいから、（ⓐ公園　b. 道路 ）に行きましょう。　　　　　こうえん

❶ 次の試合の相手チームの（ a. 最低　b. 弱点 ）を分析した。　　　＿＿＿＿＿＿＿＿＿＿

❷ このバスはA駅（ a 終点　b. 経由 ）B駅行きです。　　　　　　　＿＿＿＿＿＿＿＿＿＿

❸ X国とY国は昔は（ a. 友好　b. 高低 ）的な関係だった。　　　　　＿＿＿＿＿＿＿＿＿＿

❹ （ a. 終点　b. 終電 ）に間に合わず、駅前のホテルに泊まった。　＿＿＿＿＿＿＿＿＿＿

❺ そろそろ冬だから、しっかり（ a. 防寒　b. 低下 ）しないと、風邪をひくよ。＿＿＿＿＿＿

新しい訓読み①
（あたら）　　（くん　よ）

New Kun-yomi ①／Cách đọc âm Nhật mới ①

／20

1	映	うつ-る／エイ	（〜が）（〜に）映る	池の水にビルが映る（いけ みず うつ）	the building is reflected in the pond's water / Tòa nhà chiếu bóng lên mặt hồ
			（〜を）（〜に）映す	鏡に顔を映す（かがみ かお うつ）	the face is reflected in the mirror / soi mặt vào gương
2	学	まな-ぶ／ガク	学ぶ（まな）	日本語を学ぶ（に ほん ご まな）	learn Japanese / học tiếng Nhật
3	語	かた-る／ゴ	語る（かた）	人々に語る（ひとびと かた）	speak to people / nói chuyện với mọi người
4	用	もち-いる／ヨウ	用いる（もち）	パソコンを用いて計算する（もち けいさん）	calculate using a computer / dùng máy tính để tính toán
5	支	ささ-える／シ	支える（ささ）	一本の柱で天井を支える（いっぽん はしら てんじょう ささ）	support the roof with a single pillar / đỡ trần nhà bằng một cái cột
6	退	しりぞ-く／タイ	（〜が）退く（しりぞ）	後ろに退く（うし しりぞ）	retreat back / lùi lại phía sau
7	問	と-う／モン	問う（と）	考えを問う（かんが と）	ask about thoughts / hỏi suy nghĩ
			問（い）（と）	問いに対する答え（と たい こた）	an answer to a question / câu trả lời cho câu hỏi
8	上	うえ／あ-がる／のぼ-る／ジョウ	（〜を）上る（のぼ）	上り電車に乗る（のぼ でんしゃ の）	get on an upward train / lên tàu đi Tokyo
9	下	した／さ-がる／くだ-る／ゲ／カ	（〜を）下る（くだ）	下り電車に乗る（くだ でんしゃ の）	get on a downward train / lên tàu đi tỉnh
10	教	おし-える／おそ-わる／キョウ	教わる（おそ）	友達にやり方を教わる（ともだち かた おそ）	be taught how to do it by a friend / học cách làm từ bạn
11	結	むす-ぶ／ケツ	結ぶ（むす）	靴のひもを結ぶ（くつ むす）	tie shoelaces / buộc dây giày
12	満	み-ちる／み-たす／マン	（〜が）（〜に）満ちる	ダムに水が満ちる。（みず み）	water fills the dam / nước đầy đập
13	薄	うす-い／うす-める	薄める（うす）	濃いお茶を水で薄める（こ ちゃ みず うす）	dilute strong tea with water / pha loãng trà đặc bằng nước
14	食	た-べる／く-う／ショク	食う（く）	飯を食う（めし く）	eat food / ăn cơm
15	有	あ-る／ユウ	（〜が）有る（あ）　※ひらがなで書くことが多い。（か おお）	机の上に本がある（有る）。（つくえ うえ ほん あ）	There is a book on the table. / trên bàn có quyển sách
16	成	な-る／セイ	（〜に）成る（な）　※ひらがなで書くことが多い。（か おお）	20歳になる（成る）（はたち な）	become 20 years old / sắp hai mươi tuổi

❶　知らないことを学ぶのは楽しい。　　　　　　　　　　a. まねぶ　　　　　b. まなぶ

❷　Ａ駅から上り電車に乗ってください。　　　　　　　　a. のぼり　　　　　b. あがり

❸　全身を鏡に映してチェックした。　　　　　　　　　　a. うつして　　　　b. しめして

❹　父は病気の母をずっと支えて暮らしている。　　　　　a. つかえて　　　　b. ささえて

❺　花の香りが部屋中に満ちていた。　　　　　　　　　　a. みちて　　　　　b. まちて

ドリル　B　　正しい漢字をえらんでください。　　　　　　　　　　　　　　　　　　　　1点×5

❶　この地図は、パソコンを＿＿いて作られたものだ。　　a. 使　　b. 用　　c. 持

❷　新首相が最初に何を＿＿るか、非常に注目される。　　a. 言　　b. 話　　c 語

❸　これは上下２巻から＿＿る小説だ。　　　　　　　　　a. 用　　b. 成　　c. 鳴

❹　ガラスに＿＿った自分の姿に驚いた。　　　　　　　　a. 映　　b. 打　　c. 移

❺　味噌汁が塩辛かったら、お湯で＿＿めて。　　　　　　a. 簿　　b. 博　　c. 薄

ドリル　C　　正しいほうをえらんで、全部ひらがなで＿＿に書いてください。　　　　　　1点×10

れい　天気がいいから、（ⓐ.公園　b. 道路 ）に行きましょう。　　　　　こうえん

❶　高齢になったので、社長を（ a. 上った　b. 退いた ）。　　　　＿＿＿＿＿＿＿＿

❷　この（ a. 問い　b. 問う ）の答えは本の最後に載っています。　＿＿＿＿＿＿＿＿

❸　日本語は国の先生に（ a. 教え　b. 教わり ）ました。　　　　　＿＿＿＿＿＿＿＿

❹　くつのひもをしっかり（ a. 支え　b. 結ば ）ないと、危ないよ。　＿＿＿＿＿＿＿＿

❺　自転車で坂を（ a. 下った　b. 退いた ）。　　　　　　　　　　＿＿＿＿＿＿＿＿

UNIT
10

N3－N5レベルの漢字

5

新しい訓読み②
あたら　　　くんよ

New Kun-yomi ②／Cách đọc âm Nhật mới ②

/20

1	市	いち / シ	市場（いちば）	市場で花を買う（いちば・はな・か）	buy flowers at the market mua hoa ở chợ
2	飯	めし / ハン	昼飯（ひるめし）	昼飯 / 飯を炊く（ひるめし・めし・た）	lunch / cook food cơm trưa, nấu cơm
3	便	たよ-り / ベン / ビン	便り（たよ）	娘からの便り（むすめ・たよ）	letter from a daughter thư từ con gái
4	旅	たび / リョ	旅（する）（たび）	旅に出る（たび・で）	go on a trip đi du lịch
5	宿	やど / シュク	宿（やど）	宿をとる（やど）	book lodgings thuê phòng
6	帯	おび / タイ	帯（おび）	着物の帯（きもの・おび）	a kimono belt đai áo kimono
7	都	みやこ / ト	都（みやこ）	古い都（ふる・みやこ）	old capital kinh đô cũ
8	野	の / ヤ	野原（のはら）	野原に花が咲いている。（のはら・はな・さ）	Flowers are blooming in the field. hoa nở trên thảo nguyên
9	家	いえ / や / カ	家賃（やちん）	家賃を大家に払う（やちん・おおや・はら）	pay rent to a landlord trả tiền nhà cho chủ nhà
10	世	よ / セイ	世の中（よ・なか） 二世（に・せい）	世の中の動き（よ・なか・うご） 二世の政治家（に・せい・せい・じ・か）	goings-on in the world động thái trong xã hội second-generation politician chính trị gia đời thứ hai
11	半	なか-ば / ハン	半ば（なか）	週の半ば（しゅう・なか）	the middle of the week giữa tuần
12	元	もと / ゲン	元〜（もと）	元大統領（もと・だい・とう・りょう）	former president cựu tổng thống
13	共	とも / キョウ	共に（とも） ※ひらがなで書くことも多い。（か・おお）	父と共に働いている。（ちち・とも・はたら）	(I) work together with my father. làm việc cùng cha
14	全	すべ-て / まった-く / ゼン	全て（すべ） 全く（まった） ※ひらがなで書くことも多い。（か・おお）	これは全て無料だ。（すべ・むりょう） 時間が全くない。（じ・かん・まった）	This is all free of charge. Tất cả đều miễn phí. There's no time at all. hoàn toàn không có thời gian
15	幸	さいわ-い / コウ	幸い（さいわ）	お役に立てて幸いです。（やく・た・さいわ）	I'm happy that I could be useful. thật may giúp ích được
16	夜	よる / よ / ヤ	夜中（よなか）	夜中にさわぐ（よなか）	make noise at night ầm ĩ lúc nửa đêm

146

❶ 昼ごはんのことを昼飯ということがある。　　　　a. ちゅうはん　　b. ひるめし

❷ 来月から家賃が値上がりするそうだ。　　　　a. かちん　　b. やちん

❸ この自然公園には広い野原があります。　　　　a. のはら　　b. やげん

❹ 息子からしばらく便りがない。　　　　a. べんり　　b. たより

❺ 紙は2世紀頃に発明されたという。　　　　a. せいき　　b. せき

❶ ＿＿大臣が式に出席した。　　　　a. 前　　b. 基　　c. 元
　　　もと

❷ 長年、仲間と＿＿にがんばってきました。　　　　a. 友　　b. 共　　c. 供
　　　　　　　　　とも

❸ 喜んでいただけて、＿＿いです。　　　　a. 嬉　　b. 幸　　c. 辛
　　　　　　さいわ

❹ 家や部屋を貸している人を大＿＿という。　　　　a. 家　　b. 屋　　c. 野
　　　　　　　　　　や

❺ 私の仕事は、月の＿＿ばが一番忙しい。　　　　a. 仲　　b. 中　　c. 半
　　　　　　なか

[れい] 天気がいいから、(ⓐ.公園　b. 道路) に行きましょう。　　　　こうえん

❶ 昔は京都が (a. 帯　b. 都) だった。　　　　＿＿＿＿＿＿＿＿

❷ 仕事をするようになって、(a. 世の中　b. 宿) の厳しさを知った。　　　　＿＿＿＿＿＿＿＿

❸ この (a. 市場　b. 夜中) は、雑誌でよく紹介されている。　　　　＿＿＿＿＿＿＿＿

❹ ときどき、急に (a. 便り　b. 旅) に出たくなる。　　　　＿＿＿＿＿＿＿＿

❺ それについては、残念ながら (a. 幸い　b. 全く) 思い出せない。　　　　＿＿＿＿＿＿＿＿

UNIT 10

まとめ問題 A

問題1 ＿＿＿＿の言葉の読み方として最もよいものを 1・2・3・4 から一つ選びなさい。

1 この森の奥の大木には、神が住むと言われている。

　1　だいもく　　　　2　たいもく　　　　3　だいぼく　　　　4　たいぼく

2 子供のころは、よく近くの野原で遊んだ。

　1　やげん　　　　　2　のげん　　　　　3　やはら　　　　　4　のはら

3 「腹減ったなあ。何か食いに行こうぜ。」「そうだな。」

　1　かい　　　　　　2　くい　　　　　　3　たい　　　　　　4　とい

4 ご注文の品は、来週半ばにはお届けします。

　1　はんば　　　　　2　ほんば　　　　　3　なかば　　　　　4　なくば

5 日光が入るから、この部屋は暖かいね。

　1　じっこ　　　　　2　にっこ　　　　　3　じっこう　　　　4　にっこう

6 友人と夜遅くまで語り合った。

　1　ほこり　　　　　2　しゃべり　　　　3　かたり　　　　　4　たかり

7 この靴、左右で大きさが違うんじゃない？

　1　さう　　　　　　2　さゆ　　　　　　3　さうん　　　　　4　さゆう

問題2 ＿＿＿＿の言葉の書き方として最もよいものを 1・2・3・4 から一つ選びなさい。

1 やちんは、毎月25日までに払ってください。

　1　屋賃　　　　　　2　屋貸　　　　　　3　家賃　　　　　　4　家貸

2 100グラムの水に25グラムの砂糖を入れると、のうどが20％になる。

　1　態度　　　　　　2　能度　　　　　　3　農度　　　　　　4　濃度

3 もっとわかりやすい説明ができるよう、くふうしてください。

　1　工風　　　　　　2　工夫　　　　　　3　工付　　　　　　4　工分

4 がんばるのもいいけど、たまにはきゅうそくも必要だと思う。

　　1　休則　　　　　　　2　休側　　　　　　　3　休息　　　　　　　4　休速

5 この運動はたいらな床の上で行ってください。

　　1　平ら　　　　　　　2　直ら　　　　　　　3　大ら　　　　　　　4　対ら

6 ちゅうこの車なら、そんなに高くない。

　　1　中古　　　　　　　2　中固　　　　　　　3　中個　　　　　　　4　中故

7 甘いのか辛いのかわからない。みかくが変になっちゃった。

　　1　身覚　　　　　　　2　味覚　　　　　　　3　実覚　　　　　　　4　満覚

8 前に進むだけでなく、時には一歩しりぞいて物事を見てみよう。

　　1　逆いて　　　　　　2　逆ぞいて　　　　　3　退ぞいて　　　　　4　退いて

問題3（　　　　）に入れるのに最もよいものを1・2・3・4から一つ選びなさい。

1 ハワイには日系の人が多く、彼女は二（　　　）だそうです。

　　1　台　　　　　　　　2　世　　　　　　　　3　申　　　　　　　　4　成

2 次は（　　　　）市長のスピーチだ。彼が市長を辞めたのはいつだっけ？。

　　1　元　　　　　　　　2　基　　　　　　　　3　再　　　　　　　　4　最

問題4（　　　　）に入れるのに最もよいものを1・2・3・4から一つ選びなさい。

1 彼女は、どの授業に対しても「進み方が速すぎる」と（　　　　）を言う。

　　1　正直　　　　　　　2　思想　　　　　　　3　文句　　　　　　　4　広告

2 どんなに忙しくても、食事を（　　　　）はいけないよ。

　　1　抜いて　　　　　　2　支えて　　　　　　3　結んで　　　　　　4　満たして

3 いつでも（　　　　）に相談室まで来てください。

　　1　好意　　　　　　　2　気軽　　　　　　　3　友好　　　　　　　4　私用

まとめ問題 B

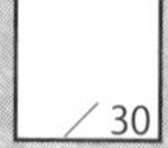

／30

問題 次の文を読んで、質問に答えなさい。

友人からの①便りをきっかけに、ブラジルを訪ねてみることにした。彼女とは大学院で②共に③学んだ仲だ。私にとって、④赤道を越える初めての⑤旅になる。④赤道を越える⑤旅は初めてだ。まずはビザの⑥申請だろうか。現地到着が⑦早朝や⑧夜中になるのはつらいと思ったが、⑨幸い、アメリカ⑩経由でいい航空券が予約できそうだ。

彼女と会うのは本当に久しぶりだ。20年前に日本で生まれた息子さんは、もうりっぱな⑪青年になり、アマゾンの⑫森林を守る活動をしているという。友人宅で過ごす休日が非常に楽しみだ。

問1 ①〜⑫の漢字をひらがなにして、＿＿＿を全部ひらがなで書きなさい。　（2点×12＝24点）

①	②	③
④	⑤	⑥
⑦	⑧	⑨
⑩	⑪	⑫

問2 文の内容と合うものに〇、合わないものに×をつけなさい。　（3点×2＝6点）

a. （　　　　）筆者の友人は日本に住んでいたことがある。

b. （　　　　）筆者は今回、生まれて初めてブラジルに行く。

実力テスト 第1回

じつりょく　　　　　だい　　かい

Practice Exam the 1st／Bài kiểm tra thực lực lần thứ nhất

問題1　＿＿＿のことばの読み方として最もよいものを、1・2・3・4から一つえらびなさい。

1 赤い大きな<u>看板</u>が目印です。

1　かんばん　　　　2　かんぱん　　　　3　こうばん　　　　4　こうぱん

2 これを飲めば、ビタミン不足を<u>補う</u>ことができるそうだ。

1　すくう　　　　2　かまう　　　　3　おぎなう　　　　4　やしなう

2 明日の試験に<u>備えて</u>今日は早く寝よう。

1　くわえて　　　　2　こたえて　　　　3　さかえて　　　　4　そなえて

4 電車は超満員で、息が<u>詰まり</u>そうだった。

1　つまり　　　　2　はまり　　　　3　しまり　　　　4　せまり

5 今日は暑いだけでなく、<u>湿気</u>も高い。

1　しっき　　　　2　じっき　　　　3　しっけ　　　　4　じっけ

問題2 ＿＿＿＿のことばを漢字で書くとき、最もよいものを、1・2・3・4から一つえらびなさい。

1 初めて彼に会った時のいんしょうは、あまりよくなかった。

　　1　引章　　　　　2　引象　　　　　3　印章　　　　　4　印象

2 下着を着たほうが、汗をきゅうしゅうするのでよい。

　　1　急収　　　　　2　吸収　　　　　3　急終　　　　　4　吸終

3 この会社に仕事をいらいするのは初めてだ。

　　1　委頼　　　　　2　位頼　　　　　3　依頼　　　　　4　移頼

4 ねふだが付いていないから、ねだんがわからない。

　　1　値札　　　　　2　根札　　　　　3　値礼　　　　　4　根礼

5 ここは、子供を育てるにはとてもいいかんきょうだ。

　　1　観境　　　　　2　観鏡　　　　　3　環境　　　　　4　環鏡

問題3 （　　）に入れるのに最もよいものを、1・2・3・4から一つえらびなさい。

[1] 今回、（　　）委員長に選ばれたのは石井さんです。

　　　　1　助　　　　　　　2　準　　　　　　　3　副　　　　　　　4　仮

[2] 彼女はデザイン（　　）の専門学校に通っているそうだ。

　　　　1　型　　　　　　　2　系　　　　　　　3　症　　　　　　　4　式

[3] これを1個作るのに、材料（　　）は800円くらいです。

　　　　1　化　　　　　　　2　庁　　　　　　　3　台　　　　　　　4　費

[4] 地下には和（　　）料理のレストランもあった。

　　　　1　色　　　　　　　2　味　　　　　　　3　風　　　　　　　4　調

[5] 念のため、（　　）検査を受けることにした。

　　　　1　正　　　　　　　2　最　　　　　　　3　生　　　　　　　4　再

問題4　（　　　　）に入れるのに最もよいものを、1・2・3・4から一つえらびなさい。

1 試合の後、彼は（　　　　　）することを発表した。

 1　実績   2　被害   3　引用   4　引退

2 個人の（　　　　　）が増えない限り、景気はよくならない。

 1　背景   2　物価   3　消費   4　許可

3 このあたりで（　　　　　）のいい歯医者を知っていますか。

 1　能率   2　評判   3　予告   4　責任

4 （　　　　　）があれば、私も習ってみたいと思っている。

 1　機会   2　勢力   3　性質   4　優秀

5 たくさん用意しすぎて、（　　　　）しまった。

 1　寄って   2　積もって   3　省いて   4　余って

6 彼らは地域の人々の健康のために、長年（　　　　）活動を続けている。

 1　中毒   2　武力   3　医療   4　清書

7 毎年、この時期に売り上げが増える（　　　　）が見られる。

 1　税金   2　価格   3　景気   4　傾向

実力テスト 第2回

Practice Exam the 2nd ／ Bài kiểm tra thực lực lần thứ 2

目標 14 点 ／ 22

問題1 ＿＿＿＿のことばの読み方として最もよいものを、1・2・3・4から一つえらびなさい。

1 部長は今、機嫌が悪いから、近づかないほうがいい。

　　1　きけん　　　　　2　きげん　　　　　3　きふん　　　　　4　きぶん

2 私が合図を出したら、始めてください。

　　1　あいず　　　　　2　あいと　　　　　3　ごうず　　　　　4　ごうと

3 今月、ドイツの首相が来日するそうだ。

　　1　しゅそう　　　　2　しゅぞう　　　　3　しゅしょう　　　　4　しゅじょう

4 びんを逆さにしても、一滴も出なかった。

　　1　さかさ　　　　　2　しょうさ　　　　3　ぎゃくさ　　　　4　ぎょうさ

5 子供の頃は夢中になってボールを追いかけていた。

　　1　むちゅう　　　　2　むじゅう　　　　3　ゆちゅう　　　　4　ゆじゅう

問題2 ＿＿＿＿のことばを漢字で書くとき、最もよいものを、1・2・3・4から一つえらびなさい。

1 その本はざっし売り場にあった。

　　1　雑紙　　　　　2　雑資　　　　　3　雑詞　　　　　4　雑誌

2 海外に店を出すのはよういではない。

　　1　用易　　　　　2　容易　　　　　3　用位　　　　　3　容位

3 出発日がへんこうになるかもしれない。

　　1　変行　　　　　2　変考　　　　　3　変更　　　　　4　変効

4 きそくを守るよう、くり返し注意された。

　　1　基則　　　　　2　基側　　　　　3　規則　　　　　4　規側

5 体力がかいふくするまで、練習は休むつもりだ。

　　1　回復　　　　　2　回複　　　　　3　解復　　　　　4　解複

問題3　（　　　　）に入れるのに最もよいものを、1・2・3・4から一つえらびなさい。

1　A社の年間の（　　）売上は約50億円に上る。

　　1　計　　　　　　　2　合　　　　　　　3　完　　　　　　　4　総

2　面接のほかに、記述（　　）の試験もあるそうだ。

　　1　式　　　　　　　2　体　　　　　　　3　系　　　　　　　4　類

3　プレゼントと一緒に感謝（　　）を贈ることにした。

　　1　紙　　　　　　　2　巻　　　　　　　3　札　　　　　　　4　状

4　そのピアニストは、ヨーロッパ（　　）国で演奏活動をしている。

　　1　章　　　　　　　2　諸　　　　　　　3　署　　　　　　　4　暑

5　彼はよくこの店で、芸術（　　）を語っていたそうだ。

　　1　説　　　　　　　2　話　　　　　　　3　曲　　　　　　　4　論

問題4　（　　　　）に入れるのに最もよいものを、1・2・3・4から一つえらびなさい。

1　あいさつは（　　　　）させていただきます。

1　処分　　　　2　削除　　　　3　清掃　　　　4　省略

2　この（　　　　）のけがなら問題ない。

1　温度　　　　2　程度　　　　3　速度　　　　4　態度

3　彼女が優勝する（　　　　）は60パーセントだ。

1　確立　　　　2　確実　　　　3　確率　　　　4　確認

4　仕事より家庭を（　　　　）してほしい。

1　依頼　　　　2　納得　　　　3　優先　　　　4　接続

5　危ないから、急いで（　　　　）したほうがいい。

1　観察　　　　2　避難　　　　3　盗難　　　　4　観測

6　暑いから、エアコンの温度を24度に（　　　　）した。

1　目標　　　　2　設定　　　　3　採点　　　　4　依存

7　先ほどの説明に少し（　　　　）します。

1　補足　　　　2　上昇　　　　3　案内　　　　4　考察

N3 漢字チェックリスト

（かんじ）
N3 Kanji Checklist／Danh bạ N3 Kanji

ユニット１から９で扱っていないN3レベルの漢字リスト。
訓読みのあいうえお順

★ … 特別な読み方（とくべつ　よ　かた）
⬚ … N1レベル以上の漢字（かんじ）

No.	漢字	読み方	例	翻訳
1	合	あ-う　ゴウ	□ 試合（しあい）	match trận đấu
			□ （〜に）合う（あ）	to match with hợp (với 〜)
			□ 合格（ごうかく）（する）	to pass, to qualify đỗ
2	足	あし　た-りる　た-す　ソク	□ 手足（てあし）	arms and legs chân tay
			□ 足す（た）	to add thêm vào
			□ くつ１足（そく）	a pair of shoes một đôi giày
3	預	あず-ける　あず-かる　ヨ	□ 預ける（あず）	to entrust/deposit gửi
			□ 預金（よきん）（する）	to deposit tiền gửi ngân hàng
4	汗	あせ	□ 汗（あせ）	sweat mồ hôi
5	遊	あそ-ぶ　ユウ	□ 遊ぶ（あそ）	to play chơi
			□ 遊園地（ゆうえんち）	amusement park công viên giải trí
6	暖	あたた-まる　あたた-める　あたた-かい　ダン	□ （〜が）暖まる（あたた）	to warm up ấm
			□ 暖房（だんぼう）	heater sưởi ấm
7	温	あたた-まる　あたた-める　あたた-かい　オン	□ （〜が）温まる（あたた）	to warm up ấm
			□ 温度（おんど）	temperature độ ấm
8	当	あ-たる　あ-てる　トウ	□ （〜が）当たる（あ）	to hit (the mark) trúng 〜
			□ 当然（とうぜん）	naturally, a given đương nhiên
9	熱	あつ-い　ネツ　ネツ-	□ 熱い（あつ）	hot nóng
			□ 熱（ねつ）	heat, fever nhiệt độ, sốt
10	厚	あつ-い	□ 厚い（あつ）	thick (volume) dày
11	集	あつ-まる　あつ-める　シュウ	□ （〜が）集まる（あつ）	to gather tập chung
			□ 集合（しゅうごう）（する）	to meet up, to rendezvous tập chung, tập hợp
12	危	あぶ-ない　キ	□ 危ない（あぶ）	dangerous, Watch out! nguy hiểm
			□ 危険（きけん）（な）	dangerous nguy hiểm
13	油	あぶら　ユ	□ 油（あぶら）	oil dầu, mỡ
			□ 石油（せきゆ）	oil dầu mỏ
14	表	あらわ-れる　あらわ-す　おもて　ヒョウ-ピョウ	□ （〜が）表れる（あらわ）	to show, to display thấy 〜
			□ 表（ひょう）	chart, diagram bảng, biểu
15	現	あらわ-れる　ゲン	□ 現れる（あらわ）	to appear xuất hiện
			□ 表現（ひょうげん）（する）	to express, show cách nói
16	歩	あるく　ホ　ポ	□ 進歩（しんぽ）（する）	to make progress tiến bộ
17	位	イ	□ ２位（い）	2nd place đứng thứ 2
18	息	いき	□ 息（いき）	breath hơi thở
			□ 息子★（むすこ）	son con trai
19	生	い-さる　い-かす　は-える　なま　う-まれる　ショウ/ジョウ　セイ	□ （〜が）生きる（い）	to live sống
			□ （〜が）生える（は）	grow mọc lên
			□ 生野菜（なまやさい）	raw vegetables rau tươi
			□ 一生（いっしょう）	a lifetime cả đời
			□ 誕生日（たんじょうび）	birthday ngày sinh nhật
			□ 生年月日（せいねんがっぴ）	date or birth ngày tháng năm sinh
20	行	い-く　おこな-う　ギョウ　コウ	□ 行う（おこな）	to go, to perform thực hiện
			□ 行事（ぎょうじ）	event sự kiện
			□ 行動（こうどう）（する）	to act hành động
21	池	いけ　チ	□ 池（いけ）	pond, lake ao
			□ 電池（でんち）	battery pin

No.	漢字	読み方	例	翻訳
1	石	いし / セキ / セッ-	□ 石（いし）	rock, stone đá
			□ 石油（せきゆ）	oil dầu mỏ
			□ 石けん（せっ）	soap xà phòng
2	忙	いそが-しい	□ 忙しい（いそが）	busy bận bịu
3	痛	いた-む / いた-い / ツウ	□ 痛い（いた）	painful đau
			□ 頭痛（ずつう）	headache đau đầu
4	岩	いわ / ガン	□ 岩（いわ）	stone, boulder bờ đá
			□ 岩石（がんせき）	stone, boulder đá
5	祝	いわ-う / シュク	□ 祝う（いわ）	to celebrate chúc, chúc mừng
			□ 祝日（しゅくじつ）	（national）holiday ngày lễ
6	植	う-える / ショク	□ 植える（う）	to plant, to grow trồng cây
			□ 植物（しょくぶつ）	plant thực vật, cây
7	受	う-ける / う-かる / ジュ	□ 受ける（う）	to receive, to accept nhận, tiếp nhận
			□ 受験（する）（じゅけん）	to take an exam dự thi
8	薄	うす-い	□ 薄い（うす）	thin mỏng
9	内	うち / ナイ	□ 内側（うちがわ）	inside, interior phía trong
			□ 内容（ないよう）	contents nội dung
10	打	う-つ	□ 打つ（う）	to hit, to strike đánh
11	美	うつく-しい / ビ	□ 美しい（うつく）	beautiful đẹp
			□ 美術（びじゅつ）	fine arts mĩ thuật
12	馬	うま / バ	□ 馬（うま）	horse ngựa
			□ 乗馬（する）（じょうば）	to mount a horse cưỡi ngựa
13	裏	うら	□ 裏（うら）	back, reverse phía sau
14	絵	エ / カイ	□ 絵（え）	picture tranh
			□ 絵画（かいが）	picture; painting tranh vẽ
15	枝	えだ	□ 枝（えだ）	branch cành cây
16	追	お-う / ツイ	□ 追う（お）	to chase, to pursue đuổi
			□ 追加（する）（ついか）	to add, to attach thêm vào
17	奥	おく	□ 奥（おく）	inner part, the depths sâu bên trong
18	遅	おく-れる / おそ-い / チ	□ 遅い（おそ）	slow, late chậm, muộn
			□ 遅れる（おく）	to be late chậm, muộn
			□ 遅刻（する）（ちこく）	to be late đến muộn giờ
19	押	お-す / お-さえる	□ 押す（お）	to push ấn, đẩy
20	夫	おっと / フフ / フウ	□ 夫（おっと）	husband chồng
			□ 田中夫人（たなかふじん）	Mrs. Tanaka phu nhân（bà）Tanaka（chỉ vợ của ông Tanaka）
			□ 夫婦（ふうふ）	husband and wife vợ chồng
21	泳	およ-ぐ / エイ	□ 泳ぐ（およ）	to swim bơi
			□ 水泳（すいえい）	swimming bơi lội
22	折	お-れる / お-る / セツ	□ （～が）折れる（お）	to bend, to break gãy
			□ 骨折（する）（こっせつ）	to break a bone gãy xương
23	化	カ	□ ～化（する）（か）	change to ～ ~ hóa
24	課	カ	□ 課題（かだい）	subject; problem bài toán, vấn đề
25	科	カ	□ 内科（ないか）	internal medicine khoa nội
26	可	カ	□ 可能（な）（かのう）	possible khả năng
27	快	カイ	□ 快適（な）（かいてき）	pleasant dễ chịu
28	階	カイ	□ 階段（かいだん）	stairs, stairway cầu thang
29	係	かかり / ケイ	□ 係（かかり）	duty nhóm
			□ 関係（する）（かんけい）	to connect, to relate quan hệ
30	限	かぎ-る / ゲン	□ 限る（かぎ）	to be limited/restricted giới hạn
			□ 制限（する）（せいげん）	to set a limit giới hạn
31	格	カク	□ 価格（かかく）	price giá cả
32	各	カク / カッ-	□ 各国（かっこく）	each（and every）country các nước
			□ 各自（かくじ）	each（and every） từng người

No.	漢字	読み方	例	翻訳
1	欠	か-ける／ケツ／ケッ-	□（～が）欠ける	to lack／thiếu, mất
			□ 欠席（する）	to absent／vắng mặt
2	片	かた	□ 片方	one side, one part／một bên
3	形	かたち／ギョウ／ケイ	□ 形	shape, model／hình dạng
			□ 四角形	square／hình tứ giác
			□ 人形	doll／búp bê
4	活	カツ	□ 生活（する）	to live one's life／sinh hoạt, sống
5	勝	か-つ／ショウ	□（～に）勝つ	to triumph over／thắng ～
			□ 勝手（な）	selfish／tự tiện
			□ 優勝（する）	to win／vô địch
6	角	かど／カク	□ 角	corner, angle／góc
			□ 三角	triangle／hình tam giác
7	悲	かな-しむ／かな-しい	□ 悲しい	sad／buồn
8	側	がわ	□ 右側	right side／bên phải
9	変	か-わる／か-える／ヘン	□ 変わる	to change／thay đổi
			□ 大変（な）	terribly, very／vất vả
10	完	カン	□ 完成（する）	to complete／hoàn thành
11	簡	カン	□ 簡単（な）	easy, simple／đơn giản
12	感	カン	□ 感じる	to feel／cảm thấy
13	官	カン	□ 警官	police officer／sĩ quan
14	関	カン	□ 関係	relation, connection／liên quan
15	希	キ	□ 希望（する）	to hope／nguyện vọng, mong muốn
16	期	キ	□ 期間	period of time／thời gian
17	記	キ	□ 記号	symbol／kí hiệu
18	黄	き	□ 黄色	yellow（color）／màu vàng
19	技	ギ	□ 技術	technology, technique／kĩ thuật
20	議	ギ	□ 会議	meeting, assembly, conference／hội nghị
21	消	き-える／け-す／ショウ	□（～が）消える	to disappear, to vanish／biến mất
			□ 消費（する）	to consume／tiêu hao, sử dụng
22	決	き-まる／き-める／ケツ／ケッ-	□（～を）決める	to decide, to determine／quyết định ～
			□ 決定（する）	to decide, to determine／quyết định ～
23	客	キャク	□ 客	guest, customer／khách
24	級	キュウ	□ ３級	level 3, grade 3／cấp độ 3
25	共	キョウ	□ 公共	public, community／công cộng
26	局	キョク	□ 郵便局	post office／bưu điện
27	着	き-る／つ-く／-ぎ／チャク	□ 着る	to wear／mặc
			□ 下着	underwear／quần áo lót
			□（～に）着く	to arrive／đến ～
			□ 到着（する）	to arrive／đến nơi
28	禁	キン	□ 禁止（する）	to forbid, to ban／cấm
29	具	グ	□ 道具	tool／dụng cụ
30	草	くさ／ソウ	□ 草	grass／cỏ
			□ 草原	grassy plain／thảo nguyên
31	薬	くすり／ヤク／ヤッ-	□ 薬	medicine／thuốc
			□ 薬局	pharmacy／hiệu thuốc
32	配	くば-る／ハイ／パイ	□ 配る	to distribute／chia, phân phát
			□ 配達（する）	to deliver／chuyển phát
			□ 心配（する）	to worry／lo lắng
33	首	くび／シュ	□ 首	neck, head／cổ
			□ 首相	Prime Minister／thủ tướng
34	雲	くも	□ 雲	cloud／mây
35	比	くら-べる／ヒ	□ 比べる	to compare／so sánh
			□ 比較（する）	to compare／so sánh
36	芸	ゲイ	□ 芸術	the arts／nghệ thuật
37	結	ケツ／ケッ-	□ 結論	conclusion／kết luận

No.	漢字	読み方	例	翻訳
1	検	ケン	□ 検査(する) けんさ	to inspect kiểm tra
2	券	ケン	□ 乗車券 じょうしゃけん	train ticket vé tàu
3	険	ケン	□ 保険証 ほけんしょう	insurance card thẻ bảo hiểm
4	件	ケン	□ 条件 じょうけん	condition, requirement điều kiện
5	個	コ	□ 〜個 こ	(counter for individual items／ từ đứng sau số để chỉ số lượng)
6	濃	こ-い	□ 濃い こ	thick, strong (taste) đặc
7	公	コウ	□ 公園 こうえん	public park công viên
8	越	こ-える こ-す	□ 越える こ	to exceed, to surpass vượt qua, vượt quá
9	米	こめ ベイ	□ (お)米 こめ	rice gạo
			□ 米国 べいこく	United States of America nước Mỹ
10	転	ころ-ぶ テン	□ 転ぶ ころ	to tumble ngã
			□ 運転(する) うんてん	to drive lái xe
11	婚	コン	□ 結婚(する) けっこん	to marry kết hôn
12	査	サ	□ 調査(する) ちょうさ	to inspect điều tra
13	才	サイ	□ 才能 さいのう	talent tài năng
14	在	ザイ	□ 現在 げんざい	current, present hiện tại
15	昨	サク	□ 昨日 さくじつ	yesterday hôm qua
16	酒	さけ さか シュ	□ (お)酒 さけ	alcohol, sake rượu
			□ 日本酒 にほんしゅ	Japanese sake rượu Nhật
17	冊	サツ	□ 〜冊 さつ	〜 books, 〜 copies, 〜 issues quyển
18	雑	ザツ ザッ-	□ 複雑(な) ふくざつ	complicated phức tạp
19	様	さま ヨウ	□ 〜様 さま	Mr./Ms.〜 ngài 〜
			□ 様子 ようす	condition tình trạng
20	覚	さ-める さ-ます -ざ-まし おぼ-える	□ 目が覚める めさ	to awaken, to snap out of it tỉnh giấc
			□ 覚える おぼ	to remember nhớ
21	皿	さら -ざら	□ 皿 さら	plate đĩa
22	支	シ	□ 支払い しはら	payment chi trả
23	幸	しあわ-せ コウ	□ 幸せ(な) しあわ	happy, joyful hạnh phúc
			□ 幸運(な) こううん	lucky, fortunate may mắn
24	静	しず-か	□ 静か(な) しず	quiet, tranquil im ẳng, trật tự
25	島	しま トウ	□ 島 しま	island đảo
			□ ジャワ島 とう	Java Island đảo jawa
26	授	ジュ	□ 授業 じゅぎょう	class, course giờ học
27	修	シュウ	□ 研修(する) けんしゅう	to train thực tập
28	宿	シュク	□ 宿題 しゅくだい	homework bài tập
29	証	ショウ	□ 保険証 ほけんしょう	insurance card thẻ bảo hiểm
30	賞	ショウ	□ 賞品 しょうひん	prize, reward phần thưởng
31	商	ショウ	□ 商品 しょうひん	merchandise, goods sản phẩm, hàng hóa
32	情	ジョウ	□ 情報 じょうほう	information thông tin
33	調	しら-べる チョウ	□ 調べる しら	to research điều tra
			□ 調査(する) ちょうさ	to investigate, to audit điều tra
34	過	す-ぎる す-ごす カ	□ 過ぎる す	to exceed, to go past trôi qua, quá
			□ 過去 かこ	the past quá khứ
35	進	すす-む すす-める シン	□ 進む すす	to progress tiến
			□ 進歩(する) しんぽ	to make progress tiến bộ
36	捨	す-てる	□ 捨てる す	to throw away vất, bỏ
37	砂	すな サ	□ 砂 すな	sand cát
			□ 砂糖 さとう	sugar đường
38	座	すわ-る ザ	□ 座る すわ	to sit ngồi
			□ 座席 ざせき	seat chỗ ngồi
39	整	セイ	□ 整理(する) せいり	to organize sắp xếp
40	性	セイ	□ 性別 せいべつ	sex giới tính
41	成	セイ	□ 成人 せいじん	(legal) adult thành nhân (chỉ người tròn 20 tuổi)
42	席	セキ	□ 私の席 わたし せき	my seat chỗ của tôi
43	線	セン	□ 6番線 ばんせん	No. 6 line đường số 6

No.	漢字	読み方	例	翻訳
1	専	セン	□ 専門（せんもん）	specialization, major / chuyên môn
2	全	ゼン	□ 全部（ぜんぶ）	all, everything / toàn bộ , tất cả
3	想	ソウ	□ 理想（りそう）	ideal / lí tưởng
4	蔵	ゾウ	□ 冷蔵庫（れいぞうこ）	refrigerator / tủ lạnh
5	育	そだ-つ / そだ-てる / イク	□ （〜が）育つ（そだ） to grow up / ~ lớn lên □ 教育（きょういく） education / giáo dục
6	空	そら / あ-く / あ-ける / クウ	□ （〜が）空く（あ） to be empty / rảnh, trống □ 空気（くうき） air / không khí
7	対	タイ	□ 反対（はんたい） opposite / phản đối
8	退	タイ	□ 退院（する）（たいいん） to be discharged / ra viện
9	帯	タイ	□ 時間帯（じかんたい） time range, time zone / khung thời gian
10	第	ダイ	□ 第一（の / に）（だいいち） No. 1, first / thứ nhất
11	宅	タク	□ 自宅（じたく） one's home / nhà riêng
12	戦	たたか-う / セン	□ （〜と）戦う（たたか） to fight, to battle / chiến đấu với ~ □ 戦争（せんそう） war / chiến tranh
13	立	た-つ / た-てる / リツ	□ （〜が）立つ（た） to stand / đứng □ 国立（こくりつ） national / quốc lập
14	例	たと-えば / レイ	□ 例えば（たと） for example / ví dụ □ 例（れい） example / ví dụ
15	種	たね / シュ	□ 種（たね） seed / hạt □ 種類（しゅるい） type, variety / loại, chủng loại
16	楽	たの-しい / ガク / ガッ / ラク	□ 楽しい（たの） fun / vui □ 楽（な）（らく） easy, comfortable / thoải mái, nhẹ nhàng □ 楽器（がっき） musical instrument / nhạc cụ
17	束	たば / ソク	□ 花束（はなたば） flower bouquet / bó hoa □ 約束（する）（やくそく） to promise / hứa
18	段	ダン	□ 値段（ねだん） price / giá
19	団	ダン	□ 団体（だんたい） group, team, organization / đội, đoàn, đoàn thể
20	談	ダン	□ 相談（する）（そうだん） to consult / tư vấn
21	血	チ / ケツ	□ 血（ち） blood / máu □ 出血（する）（しゅっけつ） to bleed / chảy máu
22	地	チ / ジ	□ 土地（とち） land, local area / đất đai □ 地味（な）（じみ） plain / đơn giản, mộc mạc
23	駐	チュウ	□ 駐車（する）（ちゅうしゃ） to park / đỗ xe
24	散	ち-る / ち-らかす / サン	□ （〜が）散る（ち） to scatter, to fall apart / ~ rụng □ 散歩（する）（さんぽ） to take a walk / tản bộ, đi dạo
25	疲	つか-れる / ヒ	□ 疲れる（つか） to get tired / mệt □ 疲労（ひろう） fatigue, exhaustion / lao lực
26	次	つぎ / ジ	□ 次（つぎ） next / tiếp theo □ 次回（じかい） next time / lần tới
27	造	つく-る / ゾウ	□ 造る（つく） to make, to produce / làm, chế tạo □ 製造（する）（せいぞう） to produce, to manufacture / sản xuất, chế tạo
28	土	つち / ト / ド	□ 土（つち） earth, soil / đất □ 土曜日（どようび） Saturday / thứ bảy □ 土地（とち） land, local area / đất đai
29	妻	つま / サイ	□ 妻（つま） wife / vợ □ 夫妻（ふさい） husband and wife / vợ chồng
30	定	テイ	□ 予定（よてい） reservation / dự định
31	的	テキ	□ 目的（もくてき） objective, target / mục đích
32	鉄	テツ	□ 鉄（てつ） iron / sắt
33	寺	てら / -でら / ジ	□ お寺（てら） temple / chùa □ 金閣寺（きんかくじ） Kinkakuji / chùa Kinkaku
34	点	テン	□ 90点（てん） 90 points / 90 điểm
35	都	ト / ツ	□ 都会（とかい） city / nơi đô thị □ 都合（つごう） convenience / điều kiện

No.	漢字	読み方	例	翻訳
1	遠	とお-い / エン	□ 遠い（とお）	far / xa
			□ 遠足（えんそく）	excursion / dã ngoại
2	独	ドク	□ 独身（どくしん）	single / độc thân
3	届	とど-く / とど-ける	□ （〜が）届く（とど）	〜 will arrive / đến nơi
4	飛	と-ぶ / ヒ	□ 飛ぶ（と）	to fly / bay
			□ 飛行場（ひこうじょう）	airfield / sân bay
5	友	とも / ユウ	□ 友達（ともだち）	friend / bạn bè
			□ 友人（ゆうじん）　*「友達（ともだち）」のやや硬い言い方（かた　い　かた）	friend / bạn bè
6	無	な-い / ムブ	□ 無い（な）	not / không
			□ 無理（する）（むり）	to overexert oneself, to attempt more than is reasonable / cố
			□ 無事（な）（ぶじ）	no problem / vô sự, bình an
7	直	なお-す / なお-る / チョク	□ 直す（なお）	to fix, to correct / sửa, chữa
			□ 直接（ちょくせつ）	direct / trực tiếp
8	流	なが-れる / なが-す / リュウ	□ （〜が）流れる（なが）	to flow / chảy, trôi
			□ 流行（りゅうこう）	in fashion / thịnh hành
9	鳴	な-く / な-る	□ （〜が）鳴く（な）	to make sound / 〜 kêu
10	泣	な-く	□ 泣く（な）	to cry / khóc
11	亡	な-くなる / ボウ	□ （〜が）亡くなる（な）	Polite term for「死ぬ」/ cách nói lịch sự của「死ぬ」
			□ 死亡（する）（しぼう）	to die / tử vong, chết
12	波	なみ / ハ / -パ	□ 波（なみ）	wave / sóng
			□ 電波（でんぱ）	reception, signal / sóng điện từ
13	涙	なみだ	□ 涙（なみだ）	tears / nước mắt
14	並	なら-ぶ / なら-べる	□ （〜が）並ぶ（なら）	to be lined up / 〜 xếp hàng
15	慣	な-れる / カン	□ （〜に）慣れる（な）	to get used to, to grow accustomed to / quen 〜
			□ 習慣（しゅうかん）	custom / thói quen
16	荷	に	□ 荷物（に　もつ）	luggage, baggage / hành lí
17	乳	ニュウ	□ 牛乳（ぎゅうにゅう）	(cow) milk / sữa bò
18	値	ね / チ	□ 値段（ね　だん）	price / giá
			□ 価値（か　ち）	value, worth / giá trị
19	根	ね	□ 根（ね）	root / rễ
20	眠	ねむ-る / ねむ-い	□ 眠い（ねむ）	sleepy, tired / buồn ngủ
21	念	ネン	□ 残念（な）（ざんねん）	regret, disappointment / tiếc
22	望	のぞ-む / ボウ	□ 望む（のぞ）	to gaze, to hope / mong
			□ 失望（する）（しつぼう）	to lose hope, to despair / thất vọng
23	登	のぼ-る / ト / トウ	□ 登る（のぼ）	to climb / leo, trèo
			□ 登山（と　ざん）	mountain climbing / leo núi
24	歯	は / -ば / シ	□ 歯（は）	tooth / răng
			□ 歯科（し　か）	dentistry / nha khoa
25	倍	バイ	□ 倍（ばい）	multiplier / gấp (số lần)
26	箱	はこ / -ばこ	□ 箱（ばこ）	box / hộp
27	運	はこ-ぶ / ウン	□ 運ぶ（はこ）	to carry, to transport / vận chuyển, bưng bê
			□ 運転（する）（うんてん）	to drive / lái (xe)
28	橋	はし / キョウ	□ 橋（はし）	bridge / cầu
			□ 歩道橋（ほ　どうきょう）	pedestrian overpass / cầu đi bộ
29	始	はじ-まる / はじ-める / シ	□ （〜が）始まる（はじ）	to begin, to start / bắt đầu
			□ 開始（する）（かい　し）	to start, commence / bắt đầu, mở màn
30	初	はじ-め / ショ	□ 初めて（はじ）	first time / lần đầu tiên
			□ 初級（しょきゅう）	beginner (level) / sơ cấp
31	発	ハツ / ハッ- / -パツ	□ 10 時発（じ　はつ）	departing at 10 o'clock / xuất phát lúc 10 giờ
			□ 出発（する）（しゅっぱつ）	to depart / xuất phát
32	鼻	はな / ビ	□ 鼻（はな）	nose / mũi
			□ 耳鼻科（じ　びか）	otolaryngology / khoa tai mũi

No.	漢字（かんじ）	読み方（よみかた）	例（れい）	翻訳（ほんやく）
1	早	はや-い / ソウ	□ 早い（はや）	early / sớm
			□ 早退（する）（そうたい）	to leave early / về sớm
2	速	はや-い / ソク	□ 速い（はや）	fast / nhanh
			□ 速度（そくど）	speed / tốc độ
3	原	はら / ゲン	□ 原っぱ（はら）	open field / đồng cỏ
			□ 原料（げんりょう）	ingredients, components / nguyên liệu
4	払	はら-う	□ 払う（はら）	to repel / trả
5	番	バン	□ ～番目（ばんめ）	No. ～, st/nd/rd/th / thứ ～
6	晩	バン	□ 毎晩（まいばん）	every night / mỗi tối
7	非	ヒ	□ 非常口（ひじょうぐち）	emergency exit / cửa thoát hiểm
8	冷	ひ-える / ひ-やす / さ-める / さ-ます / つめ-たい / レイ	□ 冷たい（つめ）	cold / lạnh
			□ （～が）冷える（ひ）	get cold / lạnh cóng
			□ （～が）冷める（さ）	cool off / nguội
			□ 冷房（れいぼう）	cooler, A/C / điều hòa lạnh
9	府	フ	□ 大阪府（おおさかふ）	Osaka prefecture / phủ Osaka
10	部	ブ	□ 部分（ぶぶん）	part / từng phần
			□ 部屋＊（へや）	room / căn phòng
11	復	フク	□ 復習（する）（ふくしゅう）	to review / ôn tập
12	吹	ふ-く	□ （～が）吹く（ふ）	to blow / ～ thổi
13	袋	ふくろ / -ぶくろ	□ 袋（ふくろ）	bag, sack / túi
14	船	ふね / セン	□ 船（ふね）	boat, ship / thuyền
			□ 大型船（おおがたせん）	large ship / thuyền cỡ lớn
15	平	ヘイ	□ 平和（へいわ）	peace / hòa bình
16	保	ホ	□ 保存（する）（ほぞん）	to save, to preserve / giữ, bảo quản
17	法	ホウ / -ポウ	□ 方法（ほうほう）	method, way / phương pháp
18	他	ほか / タ	□ 他に（ほか）	in addition, also / ngoài ra
			□ 他人（たにん）	another person / người ngoài
19	欲	ほ-しい / ヨク	□ 欲しい（ほ）	wanted, desired / muốn
			□ 食欲（しょくよく）	appetite / muốn ăn
20	細	ほそ-い / こま-かい	□ 細い（ほそ）	narrow / thon, gầy
			□ 細かい（こま）	detailed; minute / chi tiết, tỉ mỉ
21	骨	ほね / コツ / コッ-	□ 骨（ほね）	bone / xương
			□ 骨折（する）（こっせつ）	to break a bone / gãy xương
22	真	ま / シン	□ 真っ暗（な）（まくら）	pitch black / tối om
			□ 写真（しゃしん）	photograph / ảnh
23	枚	マイ	□ ～枚（まい）	(counter fo thin things like paper / từ dùng khi đếm những vật mỏng, chẳng hạn như giấy)
24	曲	ま-がる / ま-げる / キョク	□ （～が）曲がる（ま）	to bend, to turn / rẽ
			□ 曲線（きょくせん）	curved line / đường cong
25	負	ま-ける / ブ	□ （～に）負ける（ま）	to lose to / thua ～
			□ 勝負（しょうぶ）	match, contest / thắng thua, quyết đấu
26	末	マツ	□ 週末（しゅうまつ）	weekend / cuối tuần
27	祭	まつ-り / サイ	□ 祭り（まつ）	festival / lễ hội
			□ 学園祭（がくえんさい）	school festival / lễ hội trường
28	窓	まど	□ 窓（まど）	window / cửa sổ
29	満	マン	□ 満足（する）（まんぞく）	to be satisfied / thỏa mãn
30	実	み / ジツ / ジッ-	□ 木の実（きのみ）	fruit (of a tree) / quả
			□ 事実（じじつ）	reality, truth / sự thực
31	未	ミ	□ 未来（みらい）	future / tương lai
32	湖	みずうみ / コ	□ 湖（みずうみ）	lake / hồ
			□ バイカル湖（こ）	Lake Baikal / hồ Baican
33	緑	みどり	□ 緑（みどり）	green, greenery / cây, màu xanh
34	皆	みな	□ 皆（みな）	everyone, everybody / mọi người
35	港	みなと / コウ	□ 港（みなと）	port, harbor / cảng
			□ 空港（くうこう）	airport / sân bay, cảng hàng không

No.	漢字	読み方	例	翻訳
1	迎	むか-える	□ 迎える	to welcome / đón
2	昔	むかし	□ 昔	long ago, in the past / ngày xưa
3	虫	むし	□ 虫	bug, insect / sâu, côn trùng
4	申	もう-す	□ 申し込む	to apply / đăng kí
5	燃	も-える / も-やす	□ 燃える	to burn / cháy
6	最	もっと-も / サイ	□ 最も	utmost / nhất
			□ 最近	recently / gần đây
7	戻	もど-る / もど-す	□ 戻る	to return, to go back / quay lại
8	役	ヤク	□ 市役所	city hall / ủy ban thành phố
9	焼	や-ける / や-く	□ (〜を)焼く	to bake, to grill / nướng 〜
10	易	やさ-しい / エキ / イ	□ 易しい	easy, simple / dễ
			□ 貿易	trade / ngoại thương
			□ 容易 (な)	easy, simple / dễ dàng
11	辞	や-める / ジ	□ 辞書	dictionary / từ điển
			□ 辞める	to quit, to resign / thôi, từ bỏ
12	輸	ユ	□ 輸出 (する)	to export / xuất khẩu
13	由	ユウ	□ 理由	reason / lí do
14	郵	ユウ	□ 郵便	postal service / bưu chính
15	雪	ゆき	□ 雪	snow / tuyết
16	指	ゆび / シ	□ 指	finger / ngón tay
			□ 指定 (する)	to designate / chỉ định
17	予	ヨ	□ 予習 (する)	to study for, to prep for / học trước
18	容	ヨウ	□ 内容	contents / nội dung
19	横	よこ / オウ	□ 横	sideways, horizontal / ngang
			□ 横断 (する)	to cross / đi qua đường
20	呼	よ-ぶ / コ	□ 呼ぶ	to call / gọi
			□ 呼吸 (する)	to breathe / hô hấp, thở
21	読	よ-む / よ-み / ドク	□ 読書	reading / đọc sách
			□ 音読み	Chinese On'yomi reading / âm hán
22	喜	よろこ-ぶ	□ 喜ぶ	to rejoice, to be happy / vui mừng
23	留	(と-まる) / (と-める) / リュウ / ル	□ 留学 (する)	to study abroad / du học
			□ 留守	away from home / vắng nhà
24	両	リョウ	□ 両方	both / hai bên
25	歴	レキ	□ 歴史	history / lịch sử
26	列	レツ	□ 列	row, column / hàng dọc, cột
27	練	レン	□ 練習 (する)	to practice / luyện tập
28	路	ロ	□ 通路	aisle, pathway / lối đi
29	録	ロク	□ 記録 (する)	to record, to write down / ghi lại, lập kỉ lục
30	若	わか-い	□ 若い	young / trẻ
31	忘	わす-れる / ボウ	□ 忘れる	to forget / quên
			□ 忘年会	year-end party / tiệc cuối năm, tiệc tất niên
32	渡	わた-る / わた-す	□ 渡る	to cross, to transfer / đi qua

単語さくいん Word index / Chỉ số từ vựng
たんご

単語さくいん

INDEX

単語さくいん

単語さくいん

INDEX

漢字さくいん　Kanji index / Chỉ số Kanji
（かんじ）

<table>
<tr><td>読み（よ）</td><td>漢字…ユニット-課-番号（か ばんごう）</td></tr>
</table>

※あいうえお順（じゅん）

あ

あい	相	……7-1-⑤
アイ	愛	……3-3-⑧
あお	青	…10-1-②
あか	赤	…10-1-③
あ-かり	明	……9-3-④
あか-るい	明	……9-3-④
あき-らか	明	……9-3-④
アク	悪	……9-3-⑪
あ-ける	明	……9-3-④
あさ	朝	……10-1-⑥
あさ-い	浅	……4-5-⑫
あた-える	与	……4-1-⑦
あたま	頭	……3-6-⑨
あたら-しい	新	……4-1-②
あた-り	辺	……5-4-②
アツ	圧	……8-3-⑦
あね	姉	……3-1-④
あば-れる	暴	……6-4-⑨
あ-びる	浴	……2-3-⑥
あま-い	甘	……1-4-②
あま-やかす	甘	……1-4-②
あま-る	余	……8-4-⑩
あ-む	編	……7-4-⑤
あやま-る	誤	……9-1-⑪
あら-い	荒	……1-1-⑪
あらそ-う	争	……7-3-⑤
あら-た	新	……4-1-②
あらた-める	改	……7-2-⑩
あ-る	有	…10-4-⑮
あ-れる	荒	……1-1-⑪
アン	暗	……8-5-⑤
アン	案	……9-5-⑩

い

い	居	……1-3-❶
イ	衣	……1-2-❶
イ	異	……2-3-❸
イ	偉	……4-3-⑤
イ	依	……4-5-❶
イ	囲	……5-2-④
イ	胃	……7-5-⑤
イ	違	……9-3-❸
イ	委	……9-5-❸
イ	移	……1-1-⑤
いう	言	……3-3-⑫
いえ	家	…10-5-⑨
イキ	域	……5-1-⑦
いき	息	…10-2-④
いきお-い	勢	……5-5-④
イク	育	……3-1-⑭
いさ-ましい	勇	……6-5-⑩
いずみ	泉	……5-1-⑧
いた	板	……9-5-④
いだ-く	抱	……3-2-②
いただ-く	頂	……8-1-❸
いち	市	…10-5-❶
イチ	一	……10-1-⑭
イツ	一	……10-1-⑭
いと	糸	……1-2-❼
いぬ	犬	……3-2-❶
いのち	命	……8-1-⑬
いの-る	祈	……3-4-⑤
いま	今	……3-4-②
いもうと	妹	……3-1-⑧
いや	嫌	……3-3-⑪
い-る	要	……7-2-❸
いろ	色	…10-1-❶
イン	印	……3-4-⑪
イン	引	……8-3-⑥
イン	因	……9-3-⑥
イン	飲	……10-3-❶

う

ウ	宇	……8-1-❶
うえ	上	……10-4-⑧
うかが-う	伺	……3-5-⑧
う-かぶ	浮	……8-4-❶
う-かべる	浮	……8-4-❶
う-く	浮	……8-4-❶
うけたまわ-る	承	……3-5-⑩
うしな-う	失	……4-3-⑥
うす-い	薄	……10-4-⑬
うす-める	薄	……10-4-⑬
うたが-う	疑	……9-4-❶
うつ-す	移	……1-1-⑤
うつ-す	映	…10-4-❶
うつ-る	移	……1-1-⑤
うつ-る	映	…10-4-❶
うで	腕	……3-6-⑥
う-まる	埋	……5-2-⑦
う-まれる	産	……3-2-⑥
うみ	海	……5-1-②
う-む	産	……3-2-⑥
う-める	埋	……5-2-⑦
うやま-う	敬	……3-5-❶
うらな-う	占	……9-1-⑥
う-る	得	……2-5-⑥

え

エ	笑	……3-3-⑥
エ	恵	……5-4-⑧
エイ	栄	……1-5-❶
エイ	営	……4-3-❸
エイ	影	……5-2-⑥
エイ	永	……5-5-⑩
エイ	映	…10-4-❶
エキ	液	……8-2-❶
えら-い	偉	……4-3-⑤
えら-ぶ	選	……7-1-④
え-る	得	……2-5-⑥
エン	塩	……1-5-⑤
エン	演	……2-1-④
エン	延	……2-1-⑩
エン	煙	……6-2-②

お

オ	汚	……5-3-⑤
オウ	応	……2-3-❶
オウ	央	……2-4-⑨

INDEX

漢字さくいん

188

● 著者

清水 知子（しみず ともこ）（横浜国立大学・東京農業大学非常勤講師）
大場 理恵子（おおば りえこ）（法政大学大学院・東京農業大学非常勤講師）

レイアウト・DTP	オッコの木スタジオ
カバーデザイン	滝デザイン事務所
本文イラスト	はやし・ひろ／杉本千恵美
翻訳	Alex Ko Ransom ／ Nguyen Van Anh

本書へのご意見・ご感想は下記 URL までお寄せください。
https://www.jresearch.co.jp/contact/

日本語能力試験問題集 **Ｎ２漢字スピードマスター**

平成 30 年（2018 年）　12 月 10 日　初版 第 1 刷発行
令和 6 年（2024 年）　 5 月 10 日　　　　第 4 刷発行

著　　　者	清水知子・大場理恵子
発　行　人	福田富与
発　行　所	有限会社Ｊリサーチ出版

〒 166-0002　東京都杉並区高円寺北 2-29-14-705

電　　　話	03(6808)8801（代）　FAX 03(5364)5310
編　集　部	03(6808)8806

https://www.jresearch.co.jp
𝕏（旧 twitter）公式アカウント　＠ Jresearch_
https://twitter.com/Jresearch_

印　刷　所	中央精版印刷株式会社

ISBN 978-4-86392-409-3
禁無断転載。なお、乱丁、落丁はお取り替えいたします。

N2 漢字スピードマスター
かんじ

問題の答えと訳
もんだい こた やく

Answer and Translation
Phần trả lời và phần dịch của các bài tập

UNIT 1

1 ·· (p.11)

ドリル **A** ❶a ❷a ❸b ❹a ❺a

ドリル **B** ❶c ❷a ❸b ❹a ❺b

ドリル **C** ❶aせつやく ❷aじしん ❸aふとん
❹bこうよう ❺aかくじ

2 ·· (p.13)

ドリル **A** ❶b ❷b ❸b ❹a ❺a

ドリル **B** ❶b ❷a ❸c ❹b ❺b

ドリル **C** ❶bかわかした ❷aせんたく
❸aいふく ❹aはみがき ❺aいるい

3 ·· (p.15)

ドリル **A** ❶a ❷b ❸b ❹b ❺a

ドリル **B** ❶a ❷c ❸a ❹a ❺a

ドリル **C** ❶aこうがい ❷aにわ ❸bきしょう
❹aへいわ ❺bいざかや

4 ·· (p.17)

ドリル **A** ❶b ❷a ❸a ❹b ❺a

ドリル **B** ❶c ❷c ❸b ❹c ❺a

ドリル **C** ❶aあまやかす ❷aこうか
❸bれいとう ❹aわかして
❺bせいど

5 ·· (p.19)

ドリル **A** ❶b ❷a ❸b ❹b ❺b

ドリル **B** ❶a ❷b ❸a ❹a ❺b

ドリル **C** ❶bきょうよう ❷aかんづめ ❸aつぶ
❹aどうよう ❺bしお

まとめ問題 A ························· (p.20-21)

問題1 ①3 ②2 ③4 ④2 ⑤2
⑥1 ⑦1

問題2 ①3 ②4 ③1 ④2 ⑤4
⑥1 ⑦3

問題3 ①4 ②1 ③2

問題4 ①3 ②3 ③1

まとめ問題 B ························· (p.22)

It feels cool in the summer when you enter temples because the wood used in their construction absorbs the humidity. On the other hand, if the air becomes dry, the wood does the opposite, expelling the moisture held inside of it and regulating the humidity in the room. Tatami mats work in the same way. Cotton, which is made from plants the way that tatami mats are, not only absorb water well, but they also hold up when cleaned. Products that use materials that have been used for a long time will surely be re-evaluated in the future.

Mùa hè khi vào chùa chúng ta cảm thấy mát là vì gỗ được sử dụng xây chùa đã hút hết hơi ẩm. Ngược lại, nếu không khí hanh khô, gỗ lại đẩy phần hơi nước đó ra ngoài, điều tiết độ ẩm trong phòng. Chiếu tatami cũng có chức năng giống như vậy. Bông sợi làm từ thực vật giống như chiếu tatami không chỉ hút nước tốt mà còn bền khi giặt.

Những sản phẩm sử dụng nguyên liệu vẫn được dùng từ xa xưa trong tương lai chắc sẽ lại được đánh giá cao.

問1 ① すずしく ② けんちく ③ もくざい
④ しっけ ⑤ かんそう ⑥ しつど
⑦ ちょうせつ ⑧ たたみ ⑨ もめん
⑩ せんたく ⑪ ざいりょう ⑫ せいひん

問2 a✕ b✕

UNIT 2

1 ·· (p.25)

ドリル **A** ❶a ❷b ❸b ❹b ❺a

ドリル **B** ❶c ❷a ❸a ❹b ❺b

ドリル **C** ❶aきぐ ❷bでんとうてき
❸bえんそう ❹aえんちょう
❺bげきじょう

2・・（p.27）

ドリルA ❶a ❷b ❸b ❹a ❺a

ドリルB ❶b ❷c ❸c ❹c ❺c

ドリルC ❶aもとめて ❷bじゅんばん
❸aせいけつな ❹bこんらん
❺aしじして

3・・（p.29）

ドリルA ❶b ❷a ❸b ❹b ❺b

ドリルB ❶c ❷a ❸b ❹b ❺c

ドリルC ❶aしんこくな ❷aじこく
❸aしゅくはく ❹aけいき
❺bたいおう

4・・（p.31）

ドリルA ❶b ❷b ❸a ❹b ❺b

ドリルB ❶a ❷c ❸b ❹a ❺c

ドリルC ❶aしょうめん ❷bめんどうな
❸aさからって ❹bざっし
❺bげんだい

5・・（p.33）

ドリルA ❶b ❷a ❸b ❹b ❺b

ドリルB ❶c ❷b ❸b ❹b ❺c

ドリルC ❶bのばして ❷bとく ❸aきたい
❹aこうか ❺bせつび

まとめ問題A・・・・・・・・・・・・・・・・・・・・・・・（p.34-35）

問題1 ｜1｜4 ｜2｜3 ｜3｜1 ｜4｜1 ｜5｜3
｜6｜3 ｜7｜4

問題2 ｜1｜3 ｜2｜4 ｜3｜3 ｜4｜3 ｜5｜1
｜6｜2 ｜7｜2 ｜8｜1

問題3 ｜1｜2 ｜2｜3

問題4 ｜1｜2 ｜2｜4 ｜3｜2

まとめ問題B・・・・・・・・・・・・・・・・・・・・・・・（p.36）

The number of people using this travel agency is increasing because it answers foreign people's expectations of "wanting to experience things that are different from other people's experiences" and "wanting to see unusual sights." People who take part in this company's tours do things such as wear yukatas and perform traditional dances, or observe crowded morning markets. They will continue to further think of tours that meet the desires of their users.

Lí do người sử dụng công ti du lịch này tăng lên là vì công ty đã đáp ứng được kì vọng của khách hàng người nước ngoài như "tôi muốn có được trải nghiệm khác mọi người" hay "tôi muốn ngắm cảnh đẹp hiếm có". Những người tham gia tua du lịch của công ty này được mặc áo yukata để múa điệu múa truyền thống, được đi tham quan khu chợ đông đúc vào buổi sáng. Như vậy từ nay trở đi, chúng ta cần phải cân nhắc tới những tua du lịch có thể đáp ứng được yêu cầu của người sử dụng.

問1 ①のばして ②ことなる ③めずらしい
④けしき ⑤きたい ⑥こたえて
⑦ゆかた ⑧でんとうてき ⑨おどり
⑩こんざつ ⑪もとめ ⑫おうじ

問2 a〇 b〇

UNIT 3

1・・（p.39）

ドリルA ❶b ❷a ❸b ❹b ❺b

ドリルB ❶c ❷b ❸c ❹c ❺b

ドリルC ❶bぼこく ❷bせんぞ ❸aきょういく
❹aまご ❺bにあっている

2・・（p.41）

ドリルA ❶b ❷a ❸b ❹b ❺b

ドリルB ❶a ❷c ❸c ❹c ❺b

ドリルC ❶bなか ❷bめいわく ❸aだかせて
❹aまいご ❺aしゅっさん

3・・（p.43）

ドリルA ❶b ❷b ❸b ❹a ❺b

ドリルB ❶c ❷c ❸a ❹b ❺a

ドリルC ❶aじょうたい ❷aあいじょう
❸aいやな ❹aげんご
❺bしょうたいじょう

4・・（p.45）

ドリルA ❶b ❷b ❸a ❹a ❺b

ドリルB ❶c ❷a ❸c ❹b ❺a

ドリルC ❶aしゅうきょう ❷aえいきゅうに
❸aおちついたら ❹bしゅっしん
❺bこんど

5・・（p.47）

ドリルA ❶b ❷b ❸a ❹b ❺b

ドリルB ❶c ❷c ❸a ❹c ❺a

ドリルC ❶aまいります ❷aこうせい
❸bほぞん ❹aじさん ❺bれいぎ

6・・（p.49）

ドリルA ❶b ❷a ❸b ❹b ❺a

ドリルB ❶a ❷c ❸c ❹b ❺b

ドリル**C** ❶a しゅだん　❷b しゅと　❸a めじるし

❹a はら　❺a ちゅうもく

まとめ問題 A ・・・・・・・・・・・・・・・・・・・・・・・・・・・・・ (p.50-51)
問題1　①3　②1　③4　④1　⑤4

　　　　⑥3　⑦2

問題2　①1　②1　③2　④3　⑤3

　　　　⑥1　⑦3

問題3　①2　②1　③3

問題4　①3　②3　③4

まとめ問題 B・・・・・・・・・・・・・・・・・・・・・・・・・・・・・・ (p.52)

Over the weekend, I visited the home of a friend who has a baby. The baby cries immediately when she gets in a bad mood, so my friend was holding her it the entire time. My friend, who I hadn't met in a long time, said, "The only peaceful time I have is when the baby sleeps. Ever since my daughter was born, I can't even go to the library for a moment because I think that I'll be a nuisance to those around me." While the baby has a cute smile, raising a child truly seems difficult. I think that society could perhaps give more respect to mothers who raise children.

Cuối tuần tôi đến thăm nhà một người bạn. Em bé lúc cứ khó chịu là khóc ngay nên bạn tôi cứ phải bế suốt. Lâu ngày mới gặp, bạn tôi bảo rằng: "Lúc em bé ngủ mới là thời gian yên bình. Từ hồi sinh con gái, có muốn đến thư viện một chút cũng không được vì sợ làm phiền xung quanh. Trẻ con lúc cười thì đáng yêu nhưng nuôi con thật vất vả. Những người mẹ nuôi con đáng được xã hội coi trọng hơn nữa.

問1　① ほうもん　② きげん　③ だいて

　　　④ ひさしぶり　⑤ あかんぼう　⑥ むすめ

　　　⑦ うんで　⑧ めいわく　⑨ えがお

　　　⑩ いくじ　⑪ こそだて　⑫ そんちょう

問2　a 〇　b ✕

UNIT 4

1 ・・ (p.55)
ドリル**A** ❶b　❷b　❸a　❹a　❺a
ドリル**B** ❶b　❷c　❸a　❹c　❺c
ドリル**C** ❶a ふたん　❷a さいよう　❸a ぼしゅう

　　　　❹a ゆうせん　❺b ふりょうひん

2 ・・ (p.57)
ドリル**A** ❶b　❷a　❸b　❹a　❺b
ドリル**B** ❶a　❷c　❸c　❹a　❺b
ドリル**C** ❶b いし　❷a ざんぎょう　❸a しょくば

　　　　❹b しゅうにゅう　❺a てんしょく

3 ・・ (p.59)
ドリル**A** ❶b　❷b　❸b　❹a　❺a
ドリル**B** ❶b　❷a　❸c　❹b　❺c
ドリル**C** ❶a かのうせい　❷a えいぎょう

❸b しつれい　❹a はかせ / はくし

❺b むちゅう

4 ・・ (p.61)
ドリル**A** ❶b　❷b　❸a　❹a　❺b
ドリル**B** ❶a　❷c　❸b　❹b　❺c
ドリル**C** ❶a みとめた　❷b くじょう

❸a こうふく　❹b くみたて

❺a きゅうじょ

5 ・・ (p.63)
ドリル**A** ❶b　❷a　❸a　❹a　❺b
ドリル**B** ❶b　❷a　❸c　❹a　❺b
ドリル**C** ❶a あさくて　❷a しんらい

❸b たのもしい　❹b ふきそく

❺a づとめ

まとめ問題 A ・・・・・・・・・・・・・・・・・・・・・・・・・・・・・ (p.64-65)
問題1　①3　②2　③2　④3　⑤3

　　　　⑥2　⑦1

問題2　①3　②1　③2　④3　⑤1

　　　　⑥4　⑦4

問題3　①2　②2　③1

問題4　①1　②4　③3

まとめ問題 B・・・・・・・・・・・・・・・・・・・・・・・・・・・・・・ (p.66)

Have you ever thought of whether your work is connected to making people happy? In society, there are many people who work hard, seeking income or status, but are unable to produce the results expected of them, causing them to struggle with the mental burden. My friend was one such person, but he made the drastic step of quitting his company to now work in another country at an NGO. "This job, where I work together with lots of different people in order to create a foundation for the country for the sake of its future, is one full of major possibilities and dreams," he says, and he seems more reliable than before.

Có khi nào bạn nghĩ, việc mình làm có liên kết tới hạnh phúc của mọi người. Nhiều người dù cố gắng để có được thu nhập và vị trí xã hội nhưng vẫn không có được thành thích như mong đợi, phải chịu nhiều áp lực về tinh thần. Có một người bạn tôi như thế đã quyết tâm bỏ công ty và giờ thì đang làm việc tại tổ chức NGO ở nước ngoài. Anh ấy nói "Công việc liên kết với nhiều người để tạo dựng nền tảng đất nước, vì đất nước đó" trông thật đáng cậy hơn trước.

問1　① ろうどう　② こうふく　③ しゅうにゅう

　　　④ じっせき　⑤ ふたん　⑥ くるしむ

　　　⑦ つとめて　⑧ しょうらい　⑨ きそ

　　　⑩ かのうせい　⑪ ゆめ　⑫ たのもしく

問2　a ✕　b 〇

1 · (p.69)

ドリル**A** ❶b ❷a ❸b ❹b ❺a
ドリル**B** ❶c ❷b ❸c ❹b ❺b
ドリル**C** ❶b ちいき ❷a ふくすう
❸a かいすいよく ❹b ちゃくりく
❺b かんさつ

2 · (p.71)

ドリル**A** ❶b ❷b ❸b ❹a ❺a
ドリル**B** ❶a ❷c ❸c ❹c ❺b
ドリル**C** ❶a ちょぞうする ❷b えいきょう
❸a しげん ❹a しゅうい
❺b じゅうなんに

3 · (p.73)

ドリル**A** ❶b ❷b ❸b ❹a ❺a
ドリル**B** ❶a ❷a ❸c ❹b ❺c
ドリル**C** ❶b しぜん ❷b ごでんごん
❸a えいえんに ❹a よごさ
❺a しょうひ

4 · (p.75)

ドリル**A** ❶a ❷b ❸b ❹a ❺b
ドリル**B** ❶b ❷a ❸b ❹b ❺a
ドリル**C** ❶a ほうふ ❷b かれて ❸a のうか
❹b てんこう ❺a へん

5 · (p.77)

ドリル**A** ❶b ❷b ❸a ❹b ❺b
ドリル**B** ❶c ❷c ❸b ❹a ❺c
ドリル**C** ❶b たおれて ❷a こうがい
❸a ほうこく ❹b こうずい
❺a せっきん

まとめ問題A · (p.78-79)

問題1　［1］1　［2］2　［3］1　［4］3　［5］1
　　　　［6］4　［7］4
問題2　［1］2　［2］4　［3］3　［4］1　［5］1
　　　　［6］1　［7］2
問題3　［1］4　［2］1　［3］1
問題4　［1］4　［2］4　［3］2

まとめ問題B · (p.80)

While Japan's abundant nature has attracted people's hearts for a long time, it is now becoming a resource that also attracts tourists from overseas. Rapidly flowing rivers could be said to be a kind of Japanese sight. Fish that gather and swim in rivers, seasonal flowers blooming in nearby mountains and valleys...you can see such sights all around. There is also the very cold water that flows from melting snow, whose cooled air builds in spaces created by volcanic explosions to create natural refrigerators. Nature possesses a wonderful aspect to it that is different from the comforts of the city.

Thiên nhiên phong phú của Nhật Bản từ xa xưa đã thu hút lòng người, và bây giờ cũng là nguồn tài nguyên kêu gọi khách du lịch từ nước ngoài. Dòng chảy siết của sông được cho là một cảnh rất Nhật. Dưới xong có đàn cá bơi tung tăng, hoa theo mùa nở trên núi, trong thung lũng… cảnh như thế này ta có thể thấy ở khắp nơi. Ngoài ra, khi tuyết tan, nước rất lạnh, không khí được ướp lạnh bởi dòng nước đó tích tụ trong không gian được tạo ra từ những trận núi lửa phun trào, tạo nên một chiếc tủ lạnh thiên nhiên. Ở thiên nhiên có sự tuyệt với rất khác với sự thoải mái ở thành thị.

問1　① ゆたか　② しぜん　③ かいがい
　　　④ かんこうきゃく　⑤ しげん　⑥ むれ
　　　⑦ たに　⑧ さいて　⑨ かざん　⑩ ばくはつ
　　　⑪ てんねん　⑫ かいてき
問2　a○　b✕

1 · (p.83)

ドリル**A** ❶b ❷b ❸a ❹b ❺a
ドリル**B** ❶b ❷a ❸b ❹c ❺b
ドリル**C** ❶a ひなん ❷a めいれい ❸b つれて
❹a そなえ ❺a くんれん

2 · (p.85)

ドリル**A** ❶b ❷b ❸b ❹b ❺a
ドリル**B** ❶c ❷b ❸b ❹c ❺c
ドリル**C** ❶b はい ❷a にがし ❸b しどう
❹b ちゅうどく ❺a はなさ

3 · (p.87)

ドリル**A** ❶b ❷b ❸a ❹b ❺b
ドリル**B** ❶a ❷b ❸b ❹c ❺c
ドリル**C** ❶a ねふだ ❷a こきょう ❸b くれ
❹a さかみち ❺b しんごう

4 · (p.89)

ドリル**A** ❶b ❷b ❸b ❹b ❺a
ドリル**B** ❶a ❷b ❸a ❹a ❺b
ドリル**C** ❶a ぬすまれた ❷a どろぼう
❸a ぼうはん ❹b ぼうりょく
❺b つかまえる

5 ⋯⋯⋯⋯⋯⋯⋯⋯⋯⋯⋯⋯⋯⋯⋯ (p.91)

ドリル**A**　❶a　❷b　❸b　❹b　❺a

ドリル**B**　❶c　❷b　❸a　❹b　❺a

ドリル**C**　❶a しょめい　❷b つとめて
　　　　　❸a はんえい　❹a しゅくじつ
　　　　　❺b おうだん

まとめ問題 A ⋯⋯⋯⋯⋯⋯⋯⋯⋯⋯ (p.92-93)

問題1　[1] 2　[2] 1　[3] 3　[4] 4　[5] 3
　　　　[6] 2　[7] 3

問題2　[1] 3　[2] 2　[3] 3　[4] 2　[5] 4
　　　　[6] 4　[7] 1

問題3　[1] 1　[2] 2　[3] 4

問題4　[1] 1　[2] 2　[3] 3

まとめ問題 B ⋯⋯⋯⋯⋯⋯⋯⋯⋯⋯⋯ (p.94)

　The other day, there was suddenly a flash of light and an incredible sound in the sky before my home lost power. The sun had already set, so everything was pitch black and I couldn't see anything. There was no particular need to evacuate, but it was extremely inconvenient, and I felt unsafe. I live in a home that uses electricity for everything, so I couldn't even cook, and I ate out that day by walking five minutes up a hill to a nearby café. On my way, there was one home that had smoke coming from a tree in its yard, perhaps because it had been hit by lightning. I'm glad it didn't turn into a fire. There are no large amounts of money, expensive jewels, and so on in my home, so even if a burglar came inside, there wouldn't be any major damage. However, I did think it would be truly scary if a fire broke out.

　Hôm trước, trời đột nhiên lóe sáng kèm theo âm thanh dữ dội, sau đó thì nhà bị mất điện luôn. Trời cũng đã nhập nhoạng nên tối om chẳng nhìn thấy gì. Cũng không cần thiết phải đi lánh nạn nhưng tôi thấy rất bất tiện và cảm thấy bất an. Nhà tất cả cái gì cũng dùng điện nên không nấu được cơm, hôm đó phải ra ăn ngoài nên tôi đến tiệm cà phê ngay trên dốc, đi bộ khoảng 5 phút. Giữa đường thì thấy một căn nhà có cây đang bốc khói, chắc là bị sét đánh. May mà không thành vụ cháy lớn. Nhà tôi thì không có nhiều tiền và đá quý gì đắt tiền nên nhỡ có bị trộm vào cũng không bị thiệt hại gì lớn, nhưng nếu xảy ra thảm họa gì thì thực sự rất sợ.

問1　① せんじつ　② とつぜん　③ ていでん
　　　④ くれて　⑤ ひなん　⑥ とほ　⑦ さかみち
　　　⑧ きっさてん　⑨ けむり　⑩ ほうせき
　　　⑪ どろぼう　⑫ かさい

問2　a ✕　b ✕

UNIT 7

1 ⋯⋯⋯⋯⋯⋯⋯⋯⋯⋯⋯⋯⋯⋯⋯ (p.97)

ドリル**A**　❶b　❷b　❸a　❹b　❺a

ドリル**B**　❶a　❷b　❸b　❹c　❺b

ドリル**C**　❶a ほそく　❷a せんきょ　❸b こうほ
　　　　　❹b かぜい　❺a ぜいかん

2 ⋯⋯⋯⋯⋯⋯⋯⋯⋯⋯⋯⋯⋯⋯⋯ (p.99)

ドリル**A**　❶b　❷b　❸b　❹a　❺b

ドリル**B**　❶c　❷c　❸b　❹a　❺b

ドリル**C**　❶a そんがい　❷b すんだら
　　　　　❸a ようてん　❹a あらためた
　　　　　❺a ひょうか

3 ⋯⋯⋯⋯⋯⋯⋯⋯⋯⋯⋯⋯⋯⋯⋯ (p.101)

ドリル**A**　❶a　❷b　❸b　❹a　❺a

ドリル**B**　❶c　❷a　❸b　❹a　❺b

ドリル**C**　❶a きかん　❷a けん　❸a へいし
　　　　　❹a とく　❺a きかい

4 ⋯⋯⋯⋯⋯⋯⋯⋯⋯⋯⋯⋯⋯⋯⋯ (p.103)

ドリル**A**　❶a　❷b　❸a　❹b　❺a

ドリル**B**　❶a　❷c　❸b　❹b　❺c

ドリル**C**　❶b もちぬし　❷a つうしん
　　　　　❸a しゅちょう　❹a しんらい
　　　　　❺b しゅご

5 ⋯⋯⋯⋯⋯⋯⋯⋯⋯⋯⋯⋯⋯⋯⋯ (p.105)

ドリル**A**　❶b　❷b　❸b　❹b　❺b

ドリル**B**　❶c　❷c　❸b　❹c　❺a

ドリル**C**　❶a ほうそうして　❷b い　❸a しんぞう
　　　　　❹a まいて　❺b なおった

まとめ問題 A ⋯⋯⋯⋯⋯⋯⋯⋯⋯ (p.106-107)

問題1　[1] 1　[2] 4　[3] 2　[4] 2　[5] 2
　　　　[6] 3　[7] 3

問題2　[1] 3　[2] 4　[3] 2　[4] 3　[5] 4
　　　　[6] 3　[7] 3

問題3　[1] 4　[2] 2　[3] 2

問題4　[1] 1　[2] 3　[3] 4

まとめ問題 B ⋯⋯⋯⋯⋯⋯⋯⋯⋯⋯ (p.108)

　I went out to go to a friend's party commemorating his book getting published. I hadn't been to a big city in a while, and everywhere I went was so full of people. All around town were speakers that constantly broadcasting some kind of directions. In front of the station, there was a politician holding a microphone who was talking about revising laws and the rights of the people. I started to get a headache while I was walking, possibly because I hadn't slept enough, but it was cured when I got to the event site. I'm glad my symptoms didn't get too bad. During my friend's speech at the party, he introduced some interesting things that happened relating to the book's publication, and he thanked those in attendance. He was a good speaker, as always. It seems that next, he will write about a certain famous person. I can't wait to see what he will write about.

　Tôi đi đến bữa tiệc kỉ niệm bạn ra sách. Lâu lắm mới lên phố nên thấy chỗ nào cũng đông người, trên phố khắp nơi phát từ loa không ngừng thông báo hướng dẫn gì đó. Trước ga thì có chính trị gia cầm míc nói về cải cách pháp luật, quyền lợi người dân. Không biết có phải do buồn ngủ không mà đi được một lúc thì tôi thấy đau đầu, nhưng đến được hội trường thì lại khỏi. May mà không bị nặng hơn. Trong bài phát biểu ở bữa tiệc, bạn tôi giới thiệu những mẩu chuyện thú vị quanh việc xuất bản, hay nói lời cám ơn tới những người có mặt. Cô ấy vẫn rất biết cách nói chuyện. Nghe nói lần tới cô ấy sẽ viết về một nhân vật rất vĩ đại. Ngay từ bây giờ tôi đã háo hức xem nội dung của cuốn sách rồi.

問1　①しゅっぱん　②ひとごみ　③たえず
　　　④せいじか　⑤ほうりつ　⑥かいせい
　　　⑦けんり　⑧なおった　⑨しょうじょう
　　　⑩のべた　⑪あいかわらず　⑫ちょしょ
問2　a○　b○

UNIT 8

1 ·· (p.111)

ドリル**A**　❶a　❷b　❸b　❹a　❺a
ドリル**B**　❶b　❷a　❸c　❹c　❺c
ドリル**C**　❶bかいせい　❷aせっきょくてき
　　　　　❸bはれて　❹aちきゅう　❺bいち

2 ·· (p.113)

ドリル**A**　❶b　❷a　❸b　❹b　❺a
ドリル**B**　❶c　❷b　❸b　❹b　❺a
ドリル**C**　❶aせいしつ　❷aふくめて　❸bしつ
　　　　　❹aえきたい　❺aするどい

3 ·· (p.115)

ドリル**A**　❶b　❷b　❸a　❹b　❺a
ドリル**B**　❶c　❷a　❸a　❹b　❺a
ドリル**C**　❶bさぎょう　❷aぐうぜん　❸aきょり
　　　　　❹bいんたい　❺aほうこう

4 ·· (p.117)

ドリル**A**　❶a　❷b　❸b　❹a　❺b
ドリル**B**　❶a　❷c　❸a　❹b　❺c
ドリル**C**　❶aとちゅう　❷aういて　❸bふくそう
　　　　　❹bめんせき　❺bつもった

5 ·· (p.119)

ドリル**A**　❶b　❷a　❸b　❹b　❺b
ドリル**B**　❶b　❷a　❸c　❹b　❺c
ドリル**C**　❶bけいかく　❷bたしかに
　　　　　❸aひとしい　❹bやくわり
　　　　　❺bたしざん

まとめ問題 A ····································· (p.120-121)
問題1　│1│3　│2│4　│3│2　│4│2　│5│3
　　　　│6│1　│7│4

問題2　│1│3　│2│3　│3│2　│4│4　│5│2
　　　　│6│1　│7│4
問題3　│1│1　│2│3　│3│4
問題4　│1│2　│2│1　│3│3

まとめ問題 B ····································· (p.122)

When it's muggy, it becomes harder to sweat and expel heat from our bodies, which is bad for us. In order to sweat better during the summer, proactively try to exercise in the mornings or evenings, when it's relatively cooler. When jogging, wear clothes that are easy to move in and start with short distances. It's effective to run at a steady pace that will still allow for conversation. Also don't forget to hydrate while you exercise. After you run, make sure to lightly stretch your whole body. This can prevent your body from hurting later. Quality is more important when exercising than quantity, so it's better to regularly exercise lightly than exercising a lot at once. Also, if you have high blood pressure, it's safer to make daily measurements into a habit.

Nếu oi nóng, mồ hôi để thoát nhiệt cơ thể ra ngoài sẽ khó toát ra, không tốt cho cơ thể. Để có thể toát mồ hôi hiệu quả, mùa hè chúng ta nên tích cực vận động vào buổi sáng sớm và chiều tối mát mẻ. Đi bộ thì nên bắt đầu từ cự li ngắn với trang phục dễ vận động. Hiệu quả nhất là chạy với tốc độ nhất định vẫn có thể nói chuyện được. Sau khi chạy xong, nên kéo dãn cơ thể nhẹ nhàng. Việc này sẽ giúp cơ thể không bị đau sau khi vận động. Vận động, chất hơn là lượng, và nên vận động định kì là vận động nhiều. Ngoài ra, với người cao huyết áp thì nên có thói quen đo huyết áp hàng ngày để yên tâm hơn.

問1　①むしあつい　②ひかくてき
　　　③せっきょくてき　④ふくそう
　　　⑤きょり　⑥ていど　⑦とちゅう
　　　⑧かならず　⑨りょう　⑩しつ
　　　⑪けつあつ　⑫そくてい
問2　a×　b×

UNIT 9

1 ·· (p.125)

ドリル**A**　❶a　❷a　❸b　❹b　❺a
ドリル**B**　❶a　❷c　❸c　❹a　❺c
ドリル**C**　❶aはったつ　❷bせつぞく
　　　　　❸bちょうか　❹aそっちょく
　　　　　❺aけいこう

2 ·· (p.127)

ドリル**A**　❶b　❷a　❸b　❹a　❺a
ドリル**B**　❶a　❷b　❸b　❹c　❺a
ドリル**C**　❶aさ　❷aいんしょう　❸bやぶる
　　　　　❹aひっき　❺bたいしょう

3 ·· (p.129)

ドリル**A**　❶b　❷b　❸b　❹a　❺a
ドリル**B**　❶b　❷c　❸b　❹c　❺b
ドリル**C**　❶aさんこう　❷aいはん
　　　　　❸bりゃくして　❹aめいかく
　　　　　❺aひっぱって

4 .... (p.131)

ドリル*A* ❶a ❷a ❸b ❹b ❺a
ドリル*B* ❶b ❷a ❸c ❹c ❺b
ドリル*C* ❶a いっぱんてき ❷a じょうしき
　　　　　❸b ちしき ❹a さんせい
　　　　　❺a ひょうばん

5 .... (p.133)

ドリル*A* ❶b ❷b ❸b ❹a ❺b
ドリル*B* ❶b ❷c ❸a ❹c ❺b
ドリル*C* ❶a ていしゅつ ❷a ぎむ ❸b じょしゅ
　　　　　❹a えんじょ ❺b ていあん

まとめ問題 A .... (p.134-135)

問題1　① 3　② 2　③ 4　④ 3　⑤ 3
　　　　⑥ 2　⑦ 4
問題2　① 4　② 1　③ 1　④ 1　⑤ 2
　　　　⑥ 1　⑦ 3
問題3　① 2　② 3　③ 4
問題4　① 3　② 3　③ 4

まとめ問題 B .... (p.136)

No matter what the situation, it is not easy to act as someone's proxy. I am now acting as the proxy for an assistant manager who had to be hospitalized for a long period of time, but when I made a proposal about raising our ability to do paperwork, people criticized me and said that changing document procedures will cause confusion. I could not get information across well and was misunderstood, and some even suspected that I just wanted to make things easier for me. However, I was also given the job because my work was appreciated. I would like to take this situation in a positive way and receive advice from those around me as I do my job with responsibility.

Dù trong trường hợp nào, làm việc thay người khác không phải là việc đơn giản. Tôi hiện tại đang làm thay chức trưởng nhóm đang nhập viện dài ngày, nhưng khi đưa ra để xuất xử lí công việc văn phòng mà mình đã nghĩ từ trước thì bị mọi người phàn nàn rằng thay đổi thủ tục giấy tờ chỉ gây thêm rắc rối mà thôi. Thông tin không được truyền tải đúng, nên bị hiểu lầm, và lại còn bị nghi ngờ là chỉ muốn nhàn thân. Nhưng được giao việc có nghĩa là tôi được đánh giá cao. Tôi đối diện với tình trạng này một cách tích cực, tiếp thu lời khuyên từ xung quanh mà sẽ làm việc một cách có trách nhiệm.

問1　① つとめる　② じむ　③ ていあん
　　　④ てつづき　⑤ ひはん　⑥ ごかい
　　　⑦ たんに　⑧ うたがわれ　⑨ ひょうか
　　　⑩ こうていてき　⑪ じょげん　⑫ せきにん

問2　a ○　b ×

UNIT 10

1 .... (p.139)

ドリル*A* ❶a ❷b ❸b ❹a ❺a
ドリル*B* ❶b ❷a ❸c ❹c ❺c
ドリル*C* ❶a とういつ ❷b こくばん
　　　　　❸a のうそん ❹b しりつ
　　　　　❺b ちゅうもん

2 .... (p.141)

ドリル*A* ❶b ❷a ❸b ❹b ❺a
ドリル*B* ❶c ❷c ❸b ❹c ❺b
ドリル*C* ❶a かんかく ❷a かんげい ❸a さって
　　　　　❹a しんせい ❺b だいく

3 .... (p.143)

ドリル*A* ❶b ❷b ❸a ❹b ❺a
ドリル*B* ❶c ❷b ❸b ❹c ❺b
ドリル*C* ❶b じゃくてん ❷b けいゆ
　　　　　❸a ゆうこう ❹b しゅうでん
　　　　　❺a ぼうかん

4 .... (p.145)

ドリル*A* ❶b ❷a ❸a ❹b ❺a
ドリル*B* ❶b ❷c ❸b ❹a ❺c
ドリル*C* ❶b しりぞいた ❷a とい
　　　　　❸b おそわり ❹b むすば
　　　　　❺a くだった

5 .... (p.147)

ドリル*A* ❶b ❷b ❸a ❹b ❺a
ドリル*B* ❶c ❷b ❸b ❹a ❺c
ドリル*C* ❶b みやこ ❷a よのなか ❸a いちば
　　　　　❹b たび ❺b まったく

まとめ問題 A .... (p.148-149)

問題1　① 4　② 4　③ 2　④ 3　⑤ 4
　　　　⑥ 3　⑦ 4
問題2　① 3　② 4　③ 2　④ 3　⑤ 1
　　　　⑥ 1　⑦ 2　⑧ 4
問題3　① 2　② 1
問題4　① 3　② 1　③ 2

I decided to visit Brazil after receiving a letter from my friend. I studied with her in graduate school. This will be my first trip crossing the equator. I suppose I need to start by applying for a visa. While I thought it would be difficult arriving there in the early morning or the middle of the night, fortunately it seems like I will be able to reserve a good airplane ticket that goes through America. It will really be my first time in a while seeing her. Her son, who was born in Japan 20 years ago, is now an admirable young man who seems to be participating in activities to protect the forests of the Amazon. I am really looking forward to the days off I will be spending in my friend's home.

Nhân lần nhận được thư của bạn, tôi đã quyết định tới Brazil. Cô ấy là bạn học cùng cao học với tôi. Với tôi đây là lần đầu tiên du lịch vượt qua xích đạo. Trước tiên chắc phải xin visa. Đến nơi sẽ là sáng sớm hay nửa đêm nên tôi thấy hơi mệt nhưng rất may là có thể đặt được vé transit ở Mỹ.

Thật là lâu lắm rồi tôi mới gặp lại cô ấy. Cậu con trai 20 năm trước sinh ra ở Nhật giờ đã thành một thanh niên trưởng thành, nghe nói cậu ấy đang tham gia các hoạt động bảo vệ rừng Amazon. Tôi rất háo hức tận hưởng những ngày nghỉ ở nhà bạn mình.

問1　① たより　② ともに　③ まなんだ
④ せきどう　⑤ たび　⑥ しんせい
⑦ そうちょう　⑧ よなか　⑨ さいわい
⑩ けいゆ　⑪ せいねん　⑫ しんりん

問2　a◯　b◯

問題1　1 1　2 3　3 4　4 1　5 3

問題2　1 4　2 2　3 3　4 1　5 3

問題3　1 3　2 2　3 4　4 3　5 4

問題4　1 4　2 3　3 2　4 1　5 4
6 3　7 4

問題1　1 2　2 1　3 3　4 1　5 1

問題2　1 4　2 2　3 3　4 3　5 1

問題3　1 4　2 1　3 4　4 2　5 4

問題4　1 4　2 2　3 3　4 3　5 2
6 2　7 1